træn din hvalp

træn **din hvalp**

Sådan får du en glad og lydig hund

Redaktion: Caroline Davis

Træn din hvalp

First published in 2009 under the title
"Hamlyn All Colour. Puppy Taming.
The easy route to a happy, obidient dog"
by Hamlyn, an imprint of Octopus Publishing Group Ltd
Endeavour House, 189 Shaftsbury Avenue,
London, WC2H 8JY
© 2009 Octopus Publishing Group Ltd.

Dansk udgave © Strandberg Publishing, København, 2010
Oversat fra engelsk af Trine Daimi
Sats: Jan Birkefeldt
Korrektur: Anne Nolsøe og Karin Sandvad

ISBN 978-87-92596-32-1
1. udgave, 2. oplag 2013
Trykt i Kina

www.strandbergpublishing.dk

Indhold

Bedste venner

Når du skal vælge hvalp

Til lykke! Du har besluttet dig for at få en hvalp, og det er spændende at vælge netop den, du skal dele dit liv med. Du er ivrig efter at vælge din perfekte hundeven, men brug først lidt tid på at tænke over, hvilken slags hvalp der er bedst for dig.

At bo sammen

For at sikre dig, at du får din drømmehund, og at hunden på sin side ser dig som verdens bedste hundeejer, må du overveje hunderace, størrelse og type. Det er vigtigt, at en hvalp passer godt ind i din livsstil, så risikoen for proble-

mer bliver minimeret. Der er tre hvalpetyper at vælge imellem.

Raceren (stamtavle) De kan være dyre at købe. Sæt dig ind i de mange forskellige racer, så du ved, hvad du skal vente dig af hver enkelt i forhold til størrelse, temperament og karakteregenskaber, men også de skavanker, nogle racer er disponeret for. For eksempel har en dobermann brug for masser af plads og motion, mens en lille chihuahua ikke har brug for nogen af delene. En cavalier king charles spaniel betragtes normalt som en rigtig god allround familiehund.

Blandingsrace Den er ikke så dyr som en raceren hvalp med stamtavle, men en hvalp af blandingsrace har racerene forældre af forskellig race. Når man ved, hvordan forældrene er, har man også en god ide om, hvad man skal forvente sig af hvalpens udseende og karakteregenskaber. Normalt blander hundeavlere to racer for at få de bedste egenskaber fra dem

begge, eller måske et fængende navn. For eksempel er en labradoodle en krydsning af en labrador og en puddel, mens en cockerpoo er en cocker spaniel krydset med en puddel!

Gadekryds Den koster ikke meget eller er oven i købet gratis – hvalpen er et gadekryds, når en eller begge forældre er af blandingsrace eller selv er et gadekryds. Da man som regel ikke kender hvalpens afstamning, kan dens udseende, størrelse og karakteregenskaber godt vise sig som lidt af en overraskelse! Gadekryds er som regel mere robuste end nogle af deres racerene modstykker og ses lige fra små til store, glat- til langhårede og fås i en skøn vifte af farver og former.

Gode tider forude

Uanset hvilken type du går efter – om det er den slanke og aristokratiske saluki (persisk mynde) eller et glad og snusket gadekryds – så vil du nok kunne se frem til et langt og lykkeligt partnerskab, så længe du sørger for at være den hundeejer, enhver hund måtte ønske sig.

Se på din livsstil

Når du har besluttet, om hvalpen skal være raceren, blandingsrace eller et gadekryds, er næste skridt at finde ud af, hvilke typer der er den bedste kombination for dig og din familie. Sigt efter at få den perfekte ven – og undgå ærgrelser!

Hvalpeprofil

Det skal du tænke på:

- Er du energisk, og vil du have en hund, som kan lide lange gåture og andre sportslige aktiviteter?
- Har du børn, som længes efter et kæledyr?
- Hvis du ikke har meget plads i hjemmet, skal hunden så blot være en kær ledsager og ven?

- Eller har du masser af plads – både inde og ude – og ville elske en hundeven at dele det med?

Arbejdsbier Hvis du er en energisk person, som vil kaste dig ud i mere krævende aktiviteter og gåture med din hund, skal du gå efter en type, som kan holde til masser af fysiske strabadser. Livlige typer som border collie har brug for masser af daglig motion, mens nogle hunde er avlet specielt til sportsaktiviteter, såsom at jage vildt op og hente det. Det gælder irsk vandspaniel.

Blide venner En venlig, afslappet hundetype er ideel til en ejer, som ikke er så energisk, og til børn. Til sådan en ejer er en greyhound ideel – til trods for dens adrætte udseende og evner, er den en arketypisk sofakartoffel, som elsker at putte sig og dovne dagen væk sammen med sin ejer.

Kære ledsagere Nogle hunde er mere hengivne end andre. Så hvis du ønsker dig et rigtig elskeligt kæledyr, skal du sætte dig ind i de forskellige racer, så du kan vælge en hvalp, som elsker at blive krammet. Det kunne være en shih tzu.

Langhårede støvere Nogle racer – såsom golden retriever – skal børstes regelmæssigt; andre, såsom puddelen, har brug for en hundefrisør hver sjette uge. Hvis du synes, det er for dyrt, tidskrævende og anstrengende at pleje hundens pels, er det en god ide at vælge en hvalp med en mindre plejekrævende pels. Det kunne være en border terrier – eller hvis det skal være helt ekstremt – en mexicansk hårløs.

Er du stadig i tvivl om, hvilken race der passer til dig? Se forskellige eksempler på livsstil og hvilken hunderace, der kan passe til, på side 12-13.

Når du vælger hvalp

Der er ikke to mennesker eller hvalpe, der er ens, men disse livsstils-typer i skemaerne herunder kan give dig et indtryk af, hvilke racer der passer til hvilke situationer, og kan hjælpe dig med at tage den endelige beslutning, når du skal vælge din firbenede ven.

DET UNGE, AKTIVE PAR

Stort hus; afsidesliggende, landlige omgivelser; masser af muligheder for at slippe hunden fri

Erfarne ejere; ønsker sikkerhed/vagthund og selskab

BEDST MED MELLEM TIL STOR HUND	
▼ Hår og savl ok	▼ Foretrækker nem pels
Afghansk mynde	Blodhund
Borzoi	Bullmastiff
Leonberger	Dobermann
Ruhåret tysk hønsehund	Engelsk springer spaniel
Shepherd	Grand danois
Newfoundlænder	Irsk ulvehund
Ruhåret collie	Lurcher
Skotsk hjortehund	Pointere
Sanktbernhardshund	Rhodesian ridgeback
	Rottweiler
	Settere
	Korthåret tysk hønsehund

AKTIV PERSON

Lille hus og have; tæt bebygget beboelseskvarter; nødvendigt at køre efter steder at slippe hunden fri

Erfaren ejer; vil gerne have en glad og aktiv hund til motion og selskab

BEDST MED LILLE HUND	
▼ Ønsker nem, glat pels	▼ Har ikke noget imod at børste hunden
Boston terrier	Affenpinscher
Chihuahua	Amerikansk/engelsk cocker spaniel
Jack russel terrier	Bedlington terrier
Lancashire heeler	Border terrier
Glathåret gravhund	Cavalier/king charles spaniel
Whippet	Dandie dinmont terrier
	Malteser
	Miniature/toy puddel
	Pomeranian
	West highland white terrier
	Yorkshireterrier

ÆLDRE ÆGTEPAR

Ikke så mobile; lille hus og have

Erfarne ejere; ønsker sikkerhed/vagthund og selskab

ALLE STØRRELSER ER OK, DOG FORETRÆKKES SMÅ HUNDE

▼ Ønsker nem, glat pels	▼ Ok med plejekrævende pels
Chihuahua	Bichon frisé
Chinese crested	Cavalier/king charles spaniel
Corgi	Lhasa apso
Dandie dinmont terrier	Langhåret gravhund
Greyhound	Malteser
Italian greyhound	Miniature/toy puddel
Mops	Pekingeser
Schipperke	Shih tzu

FAMILIE MED SMÅ BØRN

Stort parcelhus og have; villakvarter

Førstegangs-ejere; har brug for venligt, sjovt familiemedlem og vagthund

---

FORETRÆKKER MELLEM TIL STOR HUND

▼ Ønsker nem pels	▼ Ok med let plejekrævende pels
Beagle	Bearded collie
Boston terrier	Sanktbernhardshund
Greyhound	Golden retriever
Labrador retriever	Newfoundlænder
Schipperke	Langhåret collie
Korthåret collie	Shetland sheepdog
Whippet	

MIDALDRENDE PAR

Middelstort dobbelthus og stor have; landlige omgivelser; holder af at vandre og rejse i hjemlandet

Erfarne ejere; ønsker kærlig, sjov, aktiv hund til selskab og udflugter

---

FORETRÆKKER MELLEM TIL STOR HUND

▼ Ok med pels, der kræver lettere pleje	▼ Foretrækker nem pels
Airedale terrier	Basenji
Border collie	Boxer
Engelsk cocker/springer spaniel	Dalmatiner
Golden retriever	Dobermann
Ruhåret collie	Greyhound
Schnauzere	Ungarsk vizsla
Settere	Pharaoh hound
Siberian husky	Pointere
Standard puddel	Rhodesian ridgeback
	Rottweiler
	Korthåret tysk hønsehund
	Glathåret collie
	Weimaraner

Bedste venner **13**

At købe hvalpen

Du har bestemt, hvilken slags hvalp der passer til dig – nu skal du bare ud at finde den! Der er mange steder at købe hund, både hos private og opdrættere, og der er fordele og ulemper ved dem alle sammen, så når du først har vurderet stederne, er det op til dig at vælge.

At finde hvalpen

Avlernes annoncer, dyrehandler, dyrlægens opslagstavle, hundemagasiner, dyreinternater og venner og familie kan alle være en mulighed. Du kan sågar finde en herreløs hund.

Hvalpen skal være mindst seks uger gammel, før den forlader sin mor, og helt vænnet til hvalpefoder, men må helst ikke være mere end 8 uger gammel. Fra 8.–12. uge er hvalpen i socialiseringsfasen. Det er i de uger du har chancen for at udvikle et virkelig tæt forhold til din hund. Det ideelle er, hvis den har lært at omgås forskellige mennesker og andre dyr. Nogle avlere foretrækker at vente, til hvalpene er lidt ældre, helt renlige og har fået deres første vaccinationer.

Hundeavler Vælg en hvalp fra et helt kuld. Vælg en, der virker sund (se side 120-121), udadvendt, aktiv og venlig, og som kommer tillidsfuldt hen til dig.

Venner og familie Når du skaffer en hvalp på denne måde, har du gode muligheder for at

"fundet"-plakater op i lokale butikker og i dyrlægens ventesal. Få også dyrlægen til at tjekke, om hvalpen har en mikrochip.

Dyrehandel eller "hvalpefabrik" (flere racer i samme kennel). Desværre er der stor smitterisiko, hvis mange hvalpe holdes sammen i omgivelser, der ikke er de bedst tænkelige med en konstant udskiftning af bestanden. Det kan ikke anbefales, at du køber din hvalp sådan et sted.

Hvad koster hvalpen i vinduet?

Hvalpens pris afhænger af dens type, og hvor du køber den.

Hundeavler Afhænger af racen og om hvalpen kan godkendes til udstilling. Det betaler sig at se sig omkring.

vide, hvem forældrene er, og hvordan den vil blive.

Dyreinternat Få så mange informationer som muligt om hvalpens baggrund fra personalet, men vær opmærksom på, at en hvalp fra sådan et sted ofte er en ubekendt størrelse.

Herreløs Det kan ske, at en "forladt" hvalp krydser din vej – men det kan være, at den bare er blevet væk. Prøv at finde dens ejere ved at informere lokale dyreinternater, sætte

Venner og familie Varierer fra gratis til meget dyr!

Dyreinternat Der skal som regel betales et gebyr for sterilisering og vaccinationer.

Herreløs Gratis.

Dyrehandel eller "hvalpefabrik" Afhænger af race eller type.

Hvalpens udstyr

For mange mennesker er de medfølgende indkøb en af de største fornøjelser ved at få en hvalp. Der er et enormt udvalg af kurve og skåle, legetøj og lækkerier og mængder af andet grej, som nok skal slide hul i lommeforet!

Det må du have

Der er nogle få ting, som du skal købe til din hvalp, inden den kommer hjem. Du kan få dem alle sammen i dyrehandler, supermarkeder eller på internettet – dit budget sætter grænsen for, hvor meget du skal bruge og også for tingenes kvalitet – den kan variere ganske meget. Måske skulle du holde en indvielsesfest for hvalpen. Inviter venner og familie til en sammenkomst, men husk at adgangsbilletten er en gave til hvalpen; du kunne oven i købet medsende en ønskeliste!

Hundetegn Med dit navn og telefonnummer.

Mad- og vandskåle Køb nogle tunge skåle, som din hvalp ikke kan vælte. De skal være lette at rengøre og må ikke kunne bides i: Den skal jo ikke kvæles eller have plastic i afføringen. Vandskåle bør være store nok til at rumme en dags ration.

Kurv Du kan bruge en indendørs kasse eller købe en kurv, der er stor nok til at rumme hvalpen, når den er udvokset.

Sengetøj Køb det fra nyt i dyrehandlen eller brug nogle gamle tæpper. Gamle håndklæder er gode til at tørre en våd hund med.

Legetøj En tyggeting, en bold og legetøj, der afgiver godbidder, når hvalpen leger med det, får tommel-op fra din hvalp!

Plejesæt Du får brug for en kam, en børste og noget hundeshampoo. Du kan holde plak nede og undgå tandsygdomme ved at børste hvalpens tænder med en hundetandbørste og hundetandpasta.

Halsbånd og snor Vælg et "venligt" halsbånd med en passende vægt og størrelse i forhold til hvalpens størrelse – såsom et bredt halsbånd i

læder eller et syntetisk materiale. De betragtes ofte som bedre egnet end et halvt kvælerhalsbånd, hvis gavnlige effekt ofte er til debat.

Hømhøm-skovl Alternativt kan du bruge gamle indkøbsposer eller poser fra madvarer. Smid afføringen i de opstillede hømhøm-skraldespande eller sammen med husholdningsaffaldet (forhør dig eventuelt hos de lokale myndigheder).

Nyttige ekstra ting

Indendørs hundehus eller transportkasse
Praktisk i hjemmet eller i bilen.

Hundesele For sikkerhed på bilturen.

Hundedækken Holder racer med tynd pels varme om vinteren.

Så er der serveret

Vejen til hvalpens hjerte går helt sikkert gennem dens mave. Giv den en kontrolleret og velafbalanceret kost, med lidt ekstra godbidder, og den vil altid elske dig – og strutte af sundhed med en skinnende pels og glimtende øjne.

Mad og drikke

Hvalpe gror hurtigt og har brug for 2,5 gange flere kalorier pr. enhed kropsvægt end voksne hunde. Det er vigtigt, at din hvalp får den rigtige føde i de rette mængder. Dens mavesæk er lille, så del maden i små portioner, som du giver den flere gange om dagen. Din hunds

avler eller dyrlæge giver dig gerne et kostskema, der fortæller, hvad hvalpen skal spise, hvor meget og hvornår. Hold dig til det, så længe det anbefales, så du undgår, at hvalpen får fordøjelsesproblemer. Den skal også konstant have adgang til frisk vand.

At styre menuen

Førende mærker i hvalpefoder er nemme at dosere og indeholder de næringsstoffer, din hvalp har brug for. Nogle store og kæmpestore racer, som grand danois, skal have særlige diæter, så de ikke vokser for hurtigt. Der kan derfor være visse typer af hundefoder, der ikke egner sig til dem – forhør dig hos dyrlægen.

Ben og godbidder

Godbidder skal tælle med i hvalpens samlede kalorieindtag, så den ikke bliver fed.

Det er en god ide at lade din hvalp gnave i tilberedte, steriliserede ben, som du kan købe i dyrehandelen, da de er med til at holde dens tænder og gummer i topform. Smid dem ud,

når de begynder at "mørne" eller går i stykker. Men pas på: Giv aldrig hvalpen ben fra fjerkræ eller små ben som ribben eller koteletter, da de kan splintre. Du må aldrig give hvalpen eller hunden madretter. Din mad indeholder for meget salt og kan skade hvalpens nyrer.

Dagsrationer

Her er en guide til hvalpens daglige næringsbehov

Lige fravænnet til 20 uger Fire måltider plus baby- eller hvalpemælk om aftenen

20-30 uger Tre måltider

30 uger til 9 måneder To måltider (afhængig af race og voksehastighed)

Over 9 måneder Et eller to måltider

Glem ikke at vaske mad- og vandskålene hver dag. Beskidte skåle medfører sundhedsfare og kan afholde din hvalp fra at spise eller drikke.

Et rart hjem

Gå dit hjem efter i sømmene og sørg for, at det bliver det perfekte
hvalpeslot, som din hvalp kan være glad og trives i. På den måde vil
både dine ting og hvalpen være i god behold.

Yndlingslegeting

Det kan godt være, at dit hjem passer fint til
dig, men vil det være sikkert for din hvalp? Hvis
du har for vane at lade dyrebare ting ligge og
flyde, bliver du nu nødt til at lægge dem væk.
For de er et godt bytte – og en mulig sund-
hedsrisiko – for en nysgerrig hvalp, som vil
sætte tænderne i alt, den kommer i nærheden
af, og tygge i det. Du kan ikke forvente, at den
holder sig fra ting, der ikke tilhører den, før du
har trænet den til det.

Pytter og små uheld

Der er mange følelser på spil, når en ny hvalp
gør sin entré, så du må sige til dig selv, at du
skal forblive rolig – selv i nødens stund. Vær
opmærksom på, at din hvalp vil være ret stres-
set i den første tid, så det er vigtigt at indse, at
tingene måske ikke går så glat, som du havde
ventet. Prøv at bevare roen, når der sker noget
uventet, som for eksempel at finde en lille våd
pyt på dit gulvtæppe. Det er altafgørende, at du
bevarer din humoristiske sans!

Glade familier

Der er masser af positive ting, du kan gøre, for
at din hvalps nye liv kommer godt fra start.

Hold din hvalp i et "hvalpesikret" område i
hjemmet, hvor den kan gøre så lidt skade
som muligt – også på sig selv – indtil den har
fundet sig til rette og er renlig.

Husk, at den er lille og smidig og kan komme
ind i og under ting, som den ikke kan komme
ud fra igen.

Sørg for, at hvalpen ikke kan få adgang til
elektriske ledninger, for den kan finde på at
tygge i dem.

Klap låget til toilettet ned, så den eventyrlyst-
ne hvalp ikke falder i tønden.

Start altid med at fylde koldt vand i badekarret,
inden du tænder for det varme – hvis nu din
hvalp skulle finde på at hoppe i. Endnu bedre:
hold altid døren til badeværelset lukket.

Efterlad ikke mad eller drikke på borde i hval-
pehøjde; den vil snuppe det!

Sikkerhed i haven

En have at lege i med dens mange spændende dufte, kroge og sprækker, der blot venter på at blive udforsket, er enhver hunds drøm. Sørg for, at det ikke udvikler sig til et mareridt ved meget omhyggeligt at hvalpesikre dit nye kæledyrs legeplads.

Stop hullerne til

Hvis du lige har noget, du skal ordne, og ikke har brug for din hvalps hjælp, er det rart at kunne sende den ud i haven, mens du gør dig færdig. Det betaler sig imidlertid at gå haven godt efter, inden du får din nye hvalp hjem, så du ved, at det er fuldstændig sikkert for hvalpen at færdes i den.

Hvalpe er meget smidige og kan komme ud gennem de mindste sprækker, så gå på jagt efter steder, hvor en hvalp måske kunne mase sig ud. Luk hullet godt. Hvis det lykkes hvalpen at komme ud, kan den blive udsat for smitterisiko og angreb fra andre hunde, en trafikulykke eller måske blive stjålet.

Lossepladsskrammel

En have eller en gård, der ligner en losseplads, er ikke et sted for en hund, så fjern enhver

form for affald, spidse genstande og glasskår, som den kan skade sig på. Den tid, der bruges på at rydde op, kan spare dig for en formue hos dyrlægen.

Vær forsigtig, hvis du bruger bekæmpelsesmidler – i pilleform eller flydende – mod skadedyr i haven. Midler, der ikke er sikre for kæledyr, kan tage livet af din hvalp – også hvis den spiser forgiftede insekter eller indtager havekemikalier, der er inden for rækkevidde.

Hvis du kommer til at spilde kemikalier som for eksempel frostvæske eller olie til bilen, skal du rense det op med det samme, så din hvalp ikke bliver fristet til at smage eller træder i det og indtager det senere, når den slikker sig ren.

Advar gæster med et skilt med teksten: "Hvalpen er ude at lege – luk venligst lågen".

Planter og bassiner

Mange planter og buske kan være giftige for din hvalp, så det er en god ide at fjerne enhver fare. Bassiner og swimmingpools har dog en magnetisk tiltrækningskraft på en eventyrlysten hvalp, som sandsynligvis vil drukne, hvis den falder i og ikke selv kan komme op igen. Hvis du ikke kan sætte en skridsikker rampe med et lille fald op i dit vandmiljø, skal du enten hegne det ind, eller sørge for, at hvalpen ikke færdes i haven uden opsyn. Spande fyldt med regnvand kan også være fatale for en lille hvalp, så vend bunden i vejret på dem, når de ikke er i brug.

At forkæle hvalpen

Det giver bonus at skabe et sikkert og roligt sted for hvalpen, kombineret med underholdende indslag, der stimulerer dens hjerne, motion, der holder den i form, og god mad at fylde i dens mave. Gør det rigtigt, og din hvalp vil være glad – ligesom du selv!

Tænk hund

Det kan være fristende at forkæle din hvalp maksimalt, men så længe du tager hensyn til dens behov som det, den er – en hund – skal det nok gå. Din hvalp vil ikke føle sig det mindste mere tilfreds med et diamanthalsbånd end med et af nylon: For den er det vigtigst, at det passer godt, så den glemmer, den har det på. På samme vis vil den dyreste hundekurv i verden ikke være indbydende, hvis den er placeret i træk eller ved siden af en radiator, som bliver for varm.

Realitetskontrol

Selvfølgelig kan du forkæle din hvalp, men sørg for at gøre det rigtigt. For eksempel kunne du måske få den ide, at din hvalp havde lyst til at dele din karryret, skyllet godt ned med en slurk øl efterfulgt af en portion chokoladebudding. Da de fra naturens side er grådige, ville de fleste hvalpe slubre det i sig med stor nydelse – og bede om mere. Men den har ikke godt af den slags mad: Faktisk kan hunden dø af at få chokolade – ung som gammel. I det mindste vil sådan et krydret, sprittet måltid give luft i tarmene, gøre din hvalp syg og give ondt i maven. I værste fald vil salt i maden skade dens nyrer.

Din hund vil i lige så høj grad – hvis ikke mere – nyde fem minutters leg i haven sammen med dig, for det har ingen ubehagelige bivirkninger.

Roomservice, tak!

Hvalpe får ikke skyldfølelse, fordi de ikke kan efterligne sådan en følelse. Det, de udtrykker, er frygt, som mange ejere forveksler med "skyld". På samme måde forveksler hundeejere bedende øjne ved spisetid med desperat sult, når det i stedet forholder sig sådan, at din hvalp er i gang med at træne dig i room service!

At tillægge hvalpen menneskelige følelser og behov (også kaldet antropomorfisering) gavner ikke nogen. Behandl din hundeven som den hund, den er, til alles absolutte fordel.

Opskrifter på succes

Hvis du er ferm i et køkken, hvorfor så ikke forsøge dig med at diske op med nogle ekstra-specielle godbidder til hunden? Ikke alene er godbidderne nemme at fremstille, du vil også vide, at de er friske og ikke indeholder farvestoffer eller andre tilsætningsstoffer.

KENNEL KYS KIKS

Disse sunde kiks vil medvirke til, at din hvalps kys forbliver søde.

Antal 8-10 kiks
Tilberedning 15 minutter
Bagetid 40 minutter

125 g hvedemel, plus lidt ekstra til udrulningen
15 g majsmel
2 spsk. tørret mint
3 spsk. tørret persille
½ l vand
6 spsk. vegetabilsk olie
Solsikkekerner

1 Forvarm ovnen til 180°. Smør en bageplade eller brug bagepapir. Bland alle ingredienser undtagen solsikkekernerne godt.

2 Rul dejen ud på en melet overflade til 5 mm tykkelse og stik derefter figurer ud med småkageforme.

3 Pynt figurerne med solsikkekerner og læg dem på en bageplade. Bag dem, til de er lidt gyldne.

4 Lad kiksene tørre i flere timer på et varmt sted. Opbevar dem i en lufttæt beholder, så de bevarer sprødheden.

BARKERS FØDSELSDAGSKAGE

Fejr din hvalps fødselsdag med stil ved at bage denne kække hunde-konditorkage! Men overgør ikke forkælelsen – som med mennesker er det bedst at gemme sukkerlækkerierne til særlige lejligheder.

Portioner 4-16
Tilberedning 10 minutter
Bagetid 30 minutter

175 g selvhævende fuldkornsmel
50 g demerara-sukker
2 spsk. skummetmælkspulver
2 små æg, piskede
5 spsk. koldt vand
2 store spsk. flydende honning
4 store spsk. mascarpone-ost
Hundekiks og -fødselsdagslys
    og holdere til at pynte med

1 Forvarm ovnen til 180°. Smør to runde kageforme, 18 cm.

2 Bland alle ingredienser undtagen honningen, osten og chokoladerne. Fordel dejen i kageformene og bag dem midt i ovnen. Stik midt i hver enkelt kage med en bagepind: Hvis der ikke sidder dej fast på pinden, er kagerne bagt. Tag kagerne ud af formene og lad dem afkøle på en bagerist.

3 Brug en kniv til at udjævne toppen af den ene kage.

4 Bland honning og 3 spsk. ost og spred massen på den udjævnede kage. Læg den anden kage ovenpå og dæk toppen med resten af ostemassen.

5 Pynt kagen med hundekiks og det ønskede antal lys. Glem ikke at ønske noget, når du puster lysene ud!

Utøj og parasitter

Vidste du, at din hvalp også får "kæledyr", hvis du ikke sørger for at forhindre dem i at flytte ind? Ubehagelige parasitter som lopper og orm kan give din hvalp kløe og ubehag og måske oven i købet gøre den rigtig syg, så du må holde dem stangen.

Problemer med parasitter

Hold din hvalp sund ved regelmæssigt at give den orme- og loppekur. Hvis du ikke gør det, vil disse ind- og udvortes parasitter trives, mens hvalpen får det dårligt.

Tegn på, at din hvalp kan være udsat for et loppeangreb, kan være irritation og konstant kløe og røde og ømme områder på huden. Lopper kan også forårsage blodmangel.

Ringorme og bændelorme (de mest almindelige forekomster af orme hos hunde) giver mange slags problemer, blandt andet fejlernæring og skader på tarmsystemet. En tynd krop med udspilet mave er et klassisk tegn på ormeinfektion. Det samme gælder, hvis din hvalp gnubber numsen langs jorden, som om den ville klø sig der. Det er en god ide at give hvalpen en ormekur en dag eller to, efter at du har taget den med hjem første gang.

En hvalp, der har det skidt, vil ikke have lyst til at blive kælet eller reagere på dig, så du skylder virkelig jer begge at holde den fri for både lopper og orm.

Angrib de kryb!

Lykkeligvis er det nemt at holde din hvalp fri for skadedyr. Din dyrlæge er det bedste sted at hente råd og effektive remedier til at slå lopper og orme ihjel. Lægen tjekker først din hvalp grundigt og ordinerer så den rigtige behandling.

Ormemidler fås normalt i pilleform eller som pulver. Begge dele kan mikses med lidt dåsemad, så det er nemt at dosere.

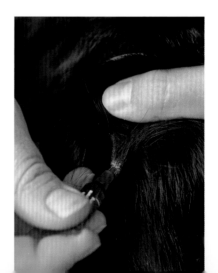

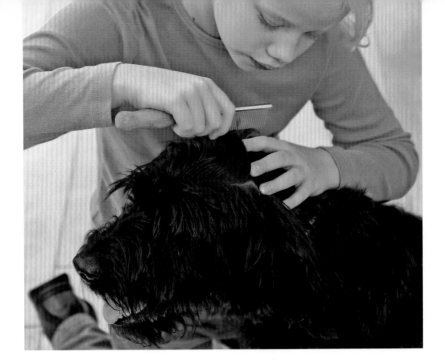

De mest effektive kure mod lopper fås som regel til indtagelse gennem munden, som indsprøjtninger eller påføres direkte på huden. Den sidste form smøres ud direkte på huden et sted, hvor hvalpen ikke kan komme til at slikke sig (for eksempel mellem skulderbladene).

Ingen lopper på dig

Når du behandler din hvalp for lopper, så sørg for, at andre hunde og katte i nærheden får behandling samtidig, ellers er der risiko for, at hvalpen bliver inficeret igen med det samme.

Støvsug hver dag og særligt grundigt langs paneler, under radiatorer og der, hvor hvalpen sover. Så fanger du lopper og æg, og det gør det lettere at bevare hjem og tæpper fri for lopper.

Det slår også loppeæggene ihjel, hvis du støvsuger hvalpens kurv en gang om ugen.

Hvalpen skal vaccineres

Skal din elskede vens helbred være helt i top og du have ro i sindet, skal du få den vaccineret, så den er beskyttet mod hundesygdomme. Små hvalpe er særligt udsatte for at få en af de mange forskellige hundeinfektionssygdomme, der viser deres grimme ansigt hvert år.

Dødelige lidelser

Dyrlæger anbefaler, at hvalpe bliver vaccineret mod de fire store sygdomme, som hunde ofte dør af, hvis de får dem: hundesyge, smitsom leverbetændelse, parvovirus eller leptospirose. Sidstnævnte sygdom forekommer ofte hos rotter og kan overføres til mennesker.

Der findes også andre vacciner som for eksempel dem mod parainfluenza virus eller bakterien bordetella bronchiseptica. Begge forbindes med sygdommen kennelhoste, som hvalpen som regel skal være vaccineret mod, hvis den skal i hundepension eller på udstilling.

Hvornår skal der vaccineres

For at vaccinere hvalpen godt mod sygdom, skal den have en vifte af vaccinationer i to omgange: De første vaccinationer skal den have, når den er 6-8 uger gammel, og de næste når den er mindst 10 uger gammel. Der skal være 2-4 uger mellem de to omgange. Din dyrlæge kan fortælle dig, hvor ofte der skal følges op med booster vaccinationer. I nogle lande er vaccination mod rabies standard; i andre er de kun nødvendige, hvis du tager hunden med på ferie i udlandet. Så spørg dyrlægen til råds, hvis du har planer om en udlandsrejse med hunden.

Mellem vaccinationerne er det bedst ikke at lufte hunden udenfor, hvor den kan komme i kontakt med andre dyr, der kan være smittebærere, før den er helt beskyttet.

Er der bivirkninger?

Ejeres betænkeligheder ved de risici, der kan være forbundet med at få hvalpen (eller en ældre hund) vaccineret, er taget til i de senere år. Men når man vejer det op mod hinanden, så råder mange dyrlæger alligevel til, at det er bedre at få vaccineret en sund hvalp end at løbe risikoen ved ikke at beskytte den.

Det første indtryk

Hvalpen kommer hjem

Forudsætningen for, at hvalpen oplever dig som sin bedste ven, er at gøre et godt indtryk fra start. Måden, du henter den på, bringer den hjem og installerer den, er afgørende for at få sået kimen til en frugtbar relation.

Det rigtige tidspunkt

Sørg for, at du og de øvrige medlemmer af familien er afslappede, når I byder hvalpen velkommen i jeres hjem. Er I for eksempel i gang med at flytte eller ramt af sygdom, er det bedre at vente med at anskaffe hvalpen, til der igen er ro over feltet. Din nye hvalp har brug for stabilitet i hvert fald i de første par dage, så den føler sig tryg. Hvis det er muligt, kan du hente den, aftenen inden du har et par dage eller mere fri fra arbejde, så I kan få tid til at lære hinanden at kende.

Sikker zone

Det kan være en skræmmende oplevelse for en hvalp pludselig at blive flyttet til en fremmed, ny verden, så du må sørge for, at den føler sig tilpas og sikker. Det er mindre besværligt og mere sikkert for alle involverede, hvis du transporterer din nye hvalp hjem i et sikkert bur eller en transportkasse. Det er en god idé at investere i en kasse, som er stor nok til, at hvalpen kan være i den, når den er

voksen (og som desuden kan være bag i din bil).

Læg et stykke plast og et sugende materiale, som for eksempel aviser, i bunden af kassen/buret, så den er nem at gøre ren efter brug. Lav et hyggeligt leje i et hjørne med noget blødt stof – for eksempel et hundetæppe.

Når hvalpen er kommet hjem, kan buret samtidig fungere som dens "hule", hvor den kan hvile sig uforstyrret og føle sig sikker (se side 40-41). Så er du også fri for at købe en ekstra kurv. Et bur kan også være nyttigt i renlighedstræningen (se side 42-43).

Tag det roligt

Du er sikkert ivrig efter at komme hjem, men kør forsigtigt på vejen, så din hvalp ikke bliver kastet frem og tilbage og kommer til at forbinde biler med en ubehagelig oplevelse. I tilfælde af at den bliver køresyg, skal du tage en køkkenrulle og en plastpose med, så du kan tørre op efter eventuelle uheld på vejen.

Hjem kære hjem

Det er en fantastisk følelse, når du bærer din dejlige hvalp over tærsklen til dens kommende hjem og ind til dens nye liv sammen med dig! En hvalp er utroligt tilpasningsivrig og vil snart finde sig til rette, men gør det lidt nemmere for den ved at følge nogle enkle regler.

Når I kommer hjem, skal du sætte hvalpen direkte ud i haven eller gården i et par minutter og rose den, hvis den besørger – det er første skridt til at gøre den renlig.

Leg en lille leg med den udenfor, og lad den så komme indenfor. Lad den undersøge sit nye hjem, inden du viser den sin hule i hvalpeområdet, som du allerede har indrettet (se side 20-21).

Hvalpens hule

Din hvalps fristed skal placeres i et roligt område i huset, så dens stressniveau bliver så lavt som muligt. Sørg for, at den har frisk vand at drikke og en rar kurv at sove i. Et par godbidder placeret i dens hule vil bekræfte, at det er et godt sted at være.

Et stykke legetøj gør hvalpen glad og holder den beskæftiget, så den glemmer alle de mærkelige indtryk, lyde og lugte omkring den. Snart vil de være hverdag for den.

Første skridt

Beslut dig for, at hvalpens første timer og dage sammen med dig skal være så rolige som muligt. Det er ikke altid lige nemt, hvis du har ivrige børn, som bare må holde og kramme den hele tiden (se side 50-51)

En søvnig hvalp

Hvalpe har brug for en del søvn, så forstyr ikke det lille pus, når den tager sig en lur. En træt hvalp er mere tilbøjelig til at snerre og vise "urimelig" adfærd.

I de første par uger deler din hvalp sin tid mellem at spise og sove afbrudt af lidt leg. Selvom det er fristende at blive ved at lege med den, så se, om du kan undgå at gøre den overtræt i de første, anstrengende dage, hvor den skal tilpasse sig sine nye omgivelser.

Sikker leg

Glatte gulve er farlige for en lille hvalp, især hvis den ræser omkring, så hold den væk fra dem eller læg et tæppe på. Hunde kan ikke stå fast på lakerede trægulve, vinyl eller glatte fliser.

Bedre sent end aldrig. Husk at afskærme trapper med et babygitter, så du undgår faldulykker.

Sovepladsen

Efter den første hektiske dag sammen får I begge brug for en god nats søvn. Her kan du læse, hvordan du sørger for, at I begge sover godt og vågner veludhvilede næste morgen – klar til at takle den nye dag.

Helt færdig

Ved sengetid har din hvalp leget færdig og begynder at se træt ud. Når den har fået dagens sidste måltid, skal du sætte den ud i haven for at besørge. Ros den, når den har gjort, og lad den tøffe lidt omkring en sidste gang.

Når den har fået et kram, gør du dens transportkasse klar (se side 40-41) ved at lægge en godbid, så den forbinder sengetid og det at være alene med noget godt. Sørg for, at den har adgang til frisk vand, hvis den skulle blive tørstig

i løbet af natten. Læg også et tøjdyr, der kan gøre det ud for en fælle fra kuldet (men den må ikke prøve at tygge i tøjdyret; det kan være fatalt, hvis den sluger noget af materialet). En tyggeting med smag kan få den på andre tanker (og væk fra at tygge i tøjdyret), hvis den skulle vågne.

Sengekammerater

Måske foretrækker du, at hvalpen har sin transportkasse tæt ved din seng i den første uges tid, derefter skal du flytte den lidt hver nat, så den i

løbet af en måneds tid er tilbage og sover i det område, du har indrettet til den. Det kan være ret skræmmende for hvalpen at sove væk fra sin mor og kuldet den første nat, så den vil føle sig tryg i din nærhed. Pas på med at gøre et stort nummer ud af det; et enkelt kærligt ord er nok til at berolige den, hvis den har brug for det.

Det er bedst, at du ikke har hunden i dit so-veværelse i længere tid, medmindre du ønsker, at den skal sove der permanent. Ellers begynder den at forvente det og protesterer, hvis den ikke får lov.

Ud på de små timer

Hvis din hvalp begynder at pibe i løbet af natten og forsøger at komme ud af sin transportkasse, er det sikkert, fordi den skal besørge. Så prøv at få den udenfor så hurtigt som muligt, uden at stresse. Så snart den har gjort det, den skal, får du den til at lægge sig til rette i kassen igen.

Undgå at samle din hvalp op og kramme den, hver gang den piber lidt for at få opmærk-somhed – i modsætning til, når den har brug for at komme ud – så skulle den nok lære at sove trygt natten igennem i løbet af en uges tid.

Hvordan skal hulen være

Det er meget praktisk at træne hvalpen til at være glad for sin transportkasse. Du kan også kalde kassen for hule, hvalpely eller buret. En transportkasse fungerer både som kurv og som et stille sted, som hvalpen kan trække sig tilbage til, når den har brug for det.

En meget anvendelig ting

Selvom en transportkasse ved første øjekast kan fremstå som et bur, så er den et godt sted at holde hvalpen adskilt fra mennesker, lige når du får den hjem, til at træne renlighed (se side 42-43) og som et helle, når du præsenterer den for andre dyr.

Når din hvalp først er renlig og glad for sit nye hjem, får du kun brug for transportkassen en sjælden gang imellem, som for eksempel når hvalpen skal til dyrlægen.

Gør den indbydende

Det er helt afgørende, at hvalpen bliver præsenteret for transportkassen på den rigtige måde, så den ikke ser den som et fængsel, men som et fristed. Brug et behageligt leje, legetøj og godbidder til at opmuntre den til at gå derind. Lad døren stå åben, så den selv kan gå ud og ind, når den har lyst. Det bedste tidspunkt at træne er lige efter en god leg, hvor den er træt, og et behageligt og fredeligt sted at sove derfor virker tillokkende.

Sæt transportkassen på et fredeligt, men ikke isoleret sted i huset, hvor din hvalp hverken vil føle sig forstyrret eller forladt. Sæt ikke kassen i direkte sollys eller på et sted, hvor der bliver meget varmt (som for eksempel ved siden af en radiator) eller meget koldt (i træk fra en åben dør eller et vindue).

Lad din hvalp venne sig til at være i kassen, ved at du giver den mad der. Husk dog, at hvalpe som regel får brug for at komme af med noget, efter at de har spist, og at det er hundes instinkt ikke at besørge der, hvor de skal sove. Efterlader du den for længe i transportkassen, besørger den til sidst der, og det kan betyde, at den vil nægte at opholde sig der igen. Lad til enhver tid døren stå åben: Låser du hvalpen inde i transportkassen, kan det føre til adfærdsproblemer.

Et godt sted at være

Den gode træning i at bruge transportkassen handler om at sætte sig igennem på en positiv måde, så brug aldrig transportkassen som en "straffecelle".

Det er bedst, at du er hjemme, mens hvalpen lærer at opholde sig i transportkassen i længere tid. Gå langsomt frem fra et par minutter til en halv times tid. Måske er der et ord eller en sætning, du kan benytte, hver gang du sætter hvalpen i transportkassen. Det bliver efterhånden dens signal til at gå til transportkassen.

Når den først har vænnet sig til at være i transportkassen, kan en hvalp, der tygger på alt, den kommer i nærheden af, holdes væk fra fristelserne, indtil adfærdsproblemet er løst (se side 152-153).

Renlighedstræning

Hvalpe skal lære at besørge, udenfor eller i et særligt indrettet område, hvis du bor i en lejlighed, *ikke* på gulvene indenfor. Kloge hvalpe får hurtigt lært det, men du skal nok finde dig i nogle uheld først!

Vær forberedt!

Indtil hvalpen lærer at kontrollere sine krops-funktioner bedre, får den brug for at besørge ofte. Læg nogle aviser, så det er nemmere at gøre rent efter eventuelle uheld, indtil den er helt renlig.

Det er et tegn på, at hvalpen er trængende, når den går frem og tilbage på gulvet, nægter at sidde stille, piber og går hen mod døren. Hold

øje med, om den leder efter et stille hjørne, hvor den kan "gøre". Hvis du fanger den midt i det, skal du samle den op og bære den udenfor.

Udendørs toilet

En hvalp er som regel trængende, efter den har spist, leget, eller lige når den vågner. Så tag den med udenfor på de tidspunkter til et særligt område, som er tydeligt afmærket med et reb eller en vandslange. Når den besørger der, skal du rose den rigeligt, så den ved, at du i høj grad ønskede, at den skulle gøre netop det lige der. Lad hvalpens seneste afføring ligge i "hvalpetoilettet", så den kan se og lugte, at det her er stedet at gå hen, men fjern alt andet.

Rengøring

Brug ikke rengøringsmidler, der indeholder ammoniak – som er en bestanddel i ekskrementer – når du skal gøre rent efter uheld. Midlet efterlader en duft, som giver din hvalp lyst til at besørge der igen. I stedet skal du bruge almindelig sæbevand. Vask evt. efter med eddike, det fjerner lugt.

Renlighedstips

Råb ikke ad din hvalp eller slå den, hvis den laver et uheld. Den forstår det ikke og bliver i stedet bange for dig.

Stik aldrig hvalpens snude ned i pletten: Du skræmmer den, og det vil ikke afholde den fra at svine i hjemmet.

Giv den altid en belønning, når den "gør" udenfor, så den lærer, at det er en adfærd, der er værd at gentage.

Din hvalp bør ikke være i transportkassen mere end tre til fire timer ad gangen i løbet af dagen; om natten bør den ikke være der mere end fem til seks timer. Det er synd at lade den være der længere.

Navnelegen

Det er sjovt at beslutte, hvad hvalpen skal hedde – der er så mange fantastiske navne at vælge imellem. Faktisk er det sandsynligt, at navnet giver sig selv, første gang du ser hvalpen!

Navnetræning

Det er nemt at lære hvalpen dens navn. Sæt dig på hug foran hvalpen. Åben dine arme og byd hvalpen velkommen, mens du siger dens navn. Når den kommer hen til dig, og det gør den af ren nysgerrighed – skal du give den en godbid og masser af ros. Snart genkender hvalpen sit navn, da den forbinder lyden af det med gode ting.

Ligger godt på tungen

Når du vælger et navn, vil det være klogt at tage et, der er kort og blot har én eller to stavelser. For så er det nemt at sige hurtigt, og din hvalp lærer hurtigt at genkende det.

Det er samtidig en god ide at vælge et navn, som du ikke bliver forlegen ved, når du skal kalde på hvalpen (prøv navnet af derhjemme først, hvis du er i tvivl). Husk også, at du gerne vil have din hvalp til at lystre verbale kommandoer, så undgå navne, som kan forveksles med en kommando – for eksempel Rolo med "Rul!".

Sikker hidkald

Når hvalpen kender sit navn, skal den lære at komme, når du kalder, og ikke kun når den selv vil. Det er afgørende for dens sikkerhed, når den færdes uden snor.

Hvalpen er mere tilbøjelig til at komme hen til dig, når den ved, at der venter en belønning. Til at begynde med skal du give den lækre godbidder (som små stykker pølse eller stegt lever) eller et værdsat stykke legetøj; men, efterhånden som den vænner sig til at komme, når du kalder, virker ros og opmærksomhed sikkert lige så godt.

"Hvalp, her!"

Øv kaldekommandoen et afgrænset sted, for eksempel i haven, hvor hvalpen ikke kan stikke

af og komme i vanskeligheder. Sig kommandoen "Her!" efter dens navn. Når den reagerer korrekt ved at komme hen til dig, tilbyder du den en godbid eller et stykke legetøj. Den forstår snart konceptet, og du kan gøre det til en leg, så den hurtigt lærer, at den får noget ud af at komme hen til dig.

Hvis din hvalp ikke reagerer, skal du ikke blive sur på den. Gå blot hen til den, lad den snuse til og smage godbidden, så du igen fanger dens interesse. Bliv ved, indtil det lykkes. Men husk også at hvalpen bliver træt. Træn max. 10-20 minutter på en dag.

Dyre-venner

Din hvalp vil måske gerne være venner med andre kæledyr i husholdningen, men det er ikke sikkert, at de vil være ven med den – enten fordi de vil bestemme, eller fordi de ser den som en fare. Omhyggelige præsentationer er derfor helt afgørende.

mer skævt ind på hinanden fra start, vil det tage dem længere tid at acceptere hinanden.

Når hvalpe skal vænne sig til et andet husdyr, skal du lægge dens tæppe i husdyrets bur eller i nærheden et stykke tid, så det optager husdyrets lugt. Læg derefter tæppet tilbage i hvalpens transportkasse. På denne måde lærer hvalpen at genkende dyrets lugt og acceptere den som en del af familien.

Efter den første introduktion gennem transportkassen, kan du lukke hvalpen ud, men sørg for at have den under kontrol og se, hvordan de tager det. Afled hvalpen med godbidder, hvis den bliver for ivrig eller bange, beløn den så for at være rolig. Lad den ikke jagte andre kæledyr, da det kan føre til en bitter strid.

Nye venner

En transportkasse, belønninger med mad og tid er nøglen til et vellykket møde med kæledyr som katte, fugle i bur, kaniner og hamstere, både for deres og hvalpens sikkerhed og velbefindende. Sæt først hvalpen ind i transportkassen, så dyrene kan starte med at se, lugte og vænne sig til hinanden uden fare. Hvis de kom-

Gode tips

Hvis du har en ældre hund, er det en god ide at få én til at tage den med ud at møde hvalpen på neutral grund (for eksempel naboens have eller hos avleren), før du tager din hvalp med hjem. Den ældre hund får således mødt hvalpen uden at føle, at den skal beskytte sit hjem mod "indtrængen", og vil derfor være mere tilbøjelig til at tage godt imod den.

Før du tager hvalpen med ind, skal du fjerne alle madskåle og legetøj, så den ældre hund ikke får lyst til at hævde sin ejendomsret: De færreste hunde bryder sig om, at en hvalp kommer og stjæler deres ting!

For at undgå jalousi skal du først klappe og rose den gamle hund, derefter hvalpen. Sørg for, at dominans for at bestemme hierarkiet i flokken ikke tager overhånd, og lad det ikke udvikle sig til kamp om legetøj eller mad. Lad ikke den ældre hund og hvalpen være alene sammen, før der ikke længere er tvivl om, at de er blevet venner.

Kramme-dyr

En hvalp kan være så nuttet, at du bare må tage den op og kramme den igen og igen. Men du skal lære at gøre det rigtigt, så det ikke er skræmmende eller ubehageligt for hvalpen – så vil den elske dig for altid for din omsorg og hensyntagen.

Klar til inspektion

Du skal håndtere hvalpen allerede fra første dag, så den vænner sig til at blive rørt ved over hele kroppen. En hund bryder sig generelt ikke om at få undersøgt øjne, mund, poter, maveskind, ører eller numse, især ikke af nogen den ikke kender. Men du, din dyrlæge og hundefrisøren skal nemt kunne røre ved og inspicere de "forbudte" områder, når der er brug for det. Udnyt socialiseringsfasen mellem 8.-12. uge til at lære hvalpen disse ting.

Den blide berøring

Selvom det måske falder lige for at klappe hvalpen, vil den meget hellere stryges med hårene – du vil forstå hvorfor, hvis du prøver begge dele på dig selv! Faste, men blide strøg føles meget rarere end hårde dunk på ribbenene.

Hvalpe kan være helt slaskede og bløde som krammedyr, men de kommer sig ikke uden videre efter de er blevet tabt på gulvet eller klemt for hårdt! Det frarådes derfor at lade børn på seks år eller yngre lege med, løfte eller bære din hvalp uden opsyn. Hård behandling, især fra over-entusiastiske børn, kan få din hvalp til at miste lysten til at blive holdt eller løftet op overhovedet. Hvad du slet ikke ønsker er, hvis den i selvforsvar begynder at vise aggression, hver gang nogen nærmer sig.

"Gab op, hvalp"

Regelmæssige tjek af tænder og gummer afslører eventuelle problemer i et tidligt stadie. Gør det til en vane at kigge på hundens tænder og gummer dagligt, så den villigt går med til at få tænder og gummer inspiceret. Du kan træne den til at adlyde ordren "gab op!", hvilket er ganske praktisk, hvis dyrlægen nogensinde får brug for at undersøge den.

Stryg blidt med en finger hen over hundens gummer, så den vænner sig til at få renset sine tænder. Brug en tandbørste og tandpasta til hunde for at undgå "hundeånde" og for at holde dens mund ren og velduftende.

SÅDAN LØFTER OG BÆRER
DU DIN HVALP

1 Sæt dig på hug og tag hunden ind til dig, fast, men blidt, med den ene arm rundt om brystet, så den ikke kan komme fri, og den anden arm støttende under dens bagdel.

2 Mens du holder hvalpen tæt ind til kroppen, så den føler sig tryg og sikker og ikke kan hoppe ud af dine arme, rejser du dig langsomt op.

3 Hold hvalpen tæt ind til dit bryst, mens du bærer den. Når du vil sætte den ned igen, udfører du blot handlingerne i omvendt rækkefølge. Husk at bøje i knæene under hele bevægelsen, så du ikke overanstrenger din ryg.

Unge venner

Hvalpe og børn er alle tiders kombination: Mange børn betragter deres firbenede ven som deres bedste kammerat, og undersøgelser viser, at børn, som behandler kæledyr med respekt og omsorg, har en tendens til at klare sig bedre i skolen og udvikle sig til velafbalancerede og ansvarsbevidste voksne.

Teamwork

Børn skal lære, hvordan de taler ordentligt til hvalpen: altid venligt, men bestemt. Lær dem, ikke at gribe ud efter den, især ikke når den hviler sig eller er ved at spise sin mad. Ellers kan den finde på at snerre af bar forskrækkelse og i selvforsvar. Da børnene ikke altid er klar over konsekvenserne af deres handlinger, bør de ikke være alene med hvalpen, uanset hvor godmodig den er.

Det er vigtigt at forklare børnene, hvor skræmmende deres adfærd kan virke på en lille hvalp. Sæt dig og tag en snak med børnene om, hvordan de skal opføre sig i forhold til hvalpen, mens den endnu er lille og skal finde sig til rette i jeres hjem.

Sjov og lege

Børn elsker at lege med hvalpe, og det gør hvalpene også! Alligevel skal du holde øje med børnene, da de kan blive revet med af legen og være til fare for sig selv eller andre.

Forklar børnene, at de ikke må gå eller løbe omkring, mens de bærer på hvalpen. De kan falde og volde skade på deres lille ven. Lær dem, hvordan de gør legen kort og kærlig, så alle morer sig, uden at hvalpen bliver for ophidset eller udmattet.

Hvalpens små hjælpere

Vis børnene, hvordan de kan kæle forsigtigt med hvalpen, og hvor den kan lide at blive rørt ved.

Bed dem om at hjælpe med at fodre den, og vis dem, hvordan de kan få den til at sætte sig og vente pænt på sin mad.

Lær dem, hvordan de giver hunden ordrer, og hvordan de belønner den for at lystre.

Advar dem mod at råbe ad hvalpen eller slå den.

Når du får børnene til at hjælpe med at passe hvalpen, giver du dem et vigtigt ansvar. Det giver dem både en grundlæggende viden om, hvordan man passer et kæledyr, og ansvaret er samtidig godt for deres selvdisciplin og selvværd. Det er også grundstenen til et fantastisk forhold mellem de to parter.

Tænk positivt

Positiv træning er meget mere effektiv end straf og negative teknikker, som kan føre til undertrykkelse af adfærd og problemer med trivsel. Du gør din hvalp meget gladere, og den vil se dig som en kilde til sikkerhed frem for frygt og bekymring.

Farer ved negativ træning

Når man bruger straf og andre negative træningsmetoder, som for eksempel at spærre hvalpen inde eller at ignorere den i længere tid, kan det føre til, at den undertrykker sin naturlige adfærd og bliver frygtsom, frustreret og

forvirret. Den kan udvikle en tilstand af depression og hjælpeløshed, hvor den helt opgiver nogensinde at gøre noget rigtigt. Det kan i sidste ende føre til utilregnelig, aggressiv adfærd. Og det er øjensynligt ikke det, du ønsker for din hvalp!

Sådan virker positiv træning

Her er fire enkle trin til vellykket træning gennem positive teknikker:

Når din hvalp gør noget godt – den besørger for eksempel udenfor – så beløn den med ros og måske en godbid for at opmuntre den til at gentage adfærden i fremtiden. Det kaldes positiv forstærkning, fordi en positiv oplevelse (ros og godbid) bruges til at "forstærke" den ønskede adfærd.

Når din hvalp udviser uønsket adfærd, må du ikke straffe den eller skælde ud. Den form for negative handlinger hjælper ikke og vil simpelthen gøre den ked af det. Det kan også virke som en opmuntring til at fortsætte den uønskede adfærd ved at rette fokus på

den. Hvis du ignorerer dens fejltrin, er der større sandsynlighed for, at den forsvinder over tid.

Undgå situationer, hvor uønsket adfærd let opstår: For eksempel skal du regelmæssigt tage hvalpen med udenfor, så den kan besørge og ikke så let får lyst til at gøre det inden døre.

Tilskynd din hvalp til at fortsætte en ønsket adfærd i stedet for at skænde på en uønsket – tag hvalpen med ud med jævne mellemrum i stedet for at råbe ad den, hvis den forsøger at besørge inden døre.

Teknikkerne, hvor du belønner ønsket adfærd og ikke opmuntrer den uønskede adfærd, vil medvirke til, at du udvikler et tillidsfuldt forhold til din hvalp og fremmer dens fornemmelse af tryghed og velvære sammen med dig.

Husorden

Vær konsekvent med regler og kommandoer. Hvis du tillader din hvalp at gøre noget den ene dag og forbyder det den næste, kan den blive forvirret og vise tegn på stresset og angststyret adfærd, som for eksempel at besørge inden døre.

"Leg pænt!"

Hvalpe er lig med leg, og de er så overstrømmende, at du får det godt. Men husk, at der er en rigtig og en forkert måde at lege med din unge ven på, hvis du skal bevare husfreden og sikre, at der ikke er tårer inden sengetid.

Forældrerollen

Hvalpe lærer gennem leg, og det er et afgørende led i deres udvikling. Når de leger med andre hunde, lærer de at omgås artsfæller, at læse kropssprog og at bruge deres tænder blidt. De lærer også at omgås hunde af forskellige racer og størrelser.

Når hvalpene ikke er i deres naturlige omgivelser, må de lære at tilpasse sig familielivet, så du må erstatte medlemmerne i hundeflokken, så du kan lære den at passe ind i menneskenes verden. Så når hvalpen leger med andre familiemedlemmer, især børn og ældre mennesker, skal du lære den at føre sig selvsikkert frem, uden at blive for voldsom.

Nede til tælling

En brydekamp for sjov kan være vældig underholdende, mens hvalpen er lille. Det er noget helt andet, når den bliver større – især hvis den udvikler sig til en ordentlig kleppert.

Lad ikke din hvalp bide for sjov. Sig "nej!" og stop legen (se side 56-57). Der er andre mere passende lege, I kan lege, som ikke giver skrammer (se side 86-87).

Det er dig, der bestemmer, hvornår det er tid til leg, og hvornår det er tid til at stoppe. Derfor skal du lære hvalpen, hvad "slut" betyder (se side 52-53). Ligesom babyer ved hundehvalpe bare ikke, hvornår det er tid at stoppe legen!

Legeplan

10-15-minutters leg to eller tre gange om dagen er bedre end en lang udmattende legetime. Så er der også noget at se frem til.

Tag hensyn til hvalpens race, når du leger

med den. For meget tumult eller tovtrækkeri kan overstimulere nogle racer – især de større racer som schæfer og setter, mens tag-fat-lege kan gøre andre racer for ophidsede – som for eksempel border collie og terrier.

Skift mellem leg og træning, så hvalpen ople-

ver det hele som en dejlig leg. På den måde bliver træningen en belønning, ikke en sur pligt. Vejen til at skabe den perfekte hvalp går gennem at fastholde interessen og bevare det sjove.

At bide i leg

Hvalpe elsker at tygge på ting, fordi det er rart, mens de får tænder, og
fordi de lærer vigtige færdigheder. Men det kan blive smertefuldt, hvis det
er dine lemmer, din hvalp sætter sine tænder i, mens den tumler omkring!
Hvis du lærer den ikke at bide, vil legen blive meget sjovere for jer begge.

Forbyd bid i leg

Bid-i-leg eller slåskampe er et led i hvalpens in-
stinktive proces, når den skal lære at jage og
samle mad. Hvis du vil have den til at holde
op, er det meget effektivt at benytte positive
læringsteknikker. Beløn den for den alternative,
ønskede adfærd. Få den ikke til at holde op
med at bide ved at straffe den eller ved andre
negative handlinger, da det vil forvirre og
skræmme din hvalp.

Tips til "ingen tænder!"

Rør ved hvalpens tænder fra den første dag,
så den vænner sig til hænder i og omkring
dens mund uden at bide ad dem.
Giv din hvalp legetøj, som den kan bide i,
mens den leger, så den ikke får brug for dine
hænder eller arme.
Lad være med at opmuntre din hvalp til at
bide i leg, og lad under ingen omstændighe-
der dine børn provokere den til at bide
under leg.

Hvis din hvalp er meget opsat på at bide
under leg, skal du distrahere den ved at give
den en kommando, den kender godt – for
eksempel "sit" (se side 70-71). Den kan så
udføre den eftertragtede handling i stedet for
at bide. Når den har sat sig, skal du huske at
belønne den med masser af ros og en god-
bid. Den lærer hurtigt, at den ikke opnår
noget ved at bide i leg, og at der er langt
mere at hente ved alternativ adfærd!

Når alt andet glipper

Det kan ske, at du har prøvet nogle eller alle de strategier, som er beskrevet ovenfor, men stadig ikke kan få din hvalp til at stoppe med at bide i leg. Er det tilfældet, kan du som sidste udvej prøve en taktik, som bruger det samme princip som mennesker, der ikke kan holde op med at bide negle: Sprøjt en ugiftig væske med en bitter smag på arme og hænder (kan købes i dyrehandelen). Den vil hurtigt afskrække din hvalp, hvis den sætter tænderne i dig. Efter en række gentagelser med den grimme smag, den har lært, at det kan være ret ubehageligt at bide mennesker.

Du bestemmer

Lærerens kæledægge

Nu hvor din hvalp har fundet sig godt til rette i hjemmet og har lært at reagere på sit navn, bliver det først rigtig sjovt. Nu er tiden inde til at gå i gang med at træne den til at blive verdens mest lydige hund.

Fræk baby

Som en livlig baby får hvalpen dig snart til at rende rundt efter den hele tiden. Men det er ikke sundt for nogen af jer, så samtidig med at du skal være blid og kærlig over for den, skal du også være ret bestemt. Ellers vil du snart blive udmattet af at opfylde dens behov og krav.

Hvis hvalpen skal blive en velopdragen, renlig, venlig og lydig hund, skal den i ro og mag lære, hvordan den bliver det.

TRIN 1

Navnetræning
Begynd socialiseringen: væn hvalpen til indtryk og lyde i hjemmet (tv, vaskemaskine, støvsuger)
Begynd renligheds- og transportkassetræningen
Begynd tålmodighedstræning
Undersøg udbud af kurser i hvalpesocialisering/ træning, når du er nået til trin 5

TRIN 2

Halsbånd- og snortræning
Fortsæt socialisering: Lad hvalpen møde mennesker af begge køn og alle aldre. Start adfærdstræning såsom bid-i-leg og/eller hoppe op efter behov

Din træningsplan

Nedenfor ser du en træningsplan i 5 trin med eksempler på nogle af de tiltag, der bringer din hvalp ud på den vej, som gør den til en perfekt (og den mest velopdragne) ven.

TRIN 3
Væn hvalpen til at være i nærheden af dyr som heste og køer. Lad den ikke jagte dem, da det ikke er det, det handler om, og du kan risikere at udvikle en "jagter", en stor dyrlægeregning og at få en retssag på halsen fra husdyrejeren

TRIN 4
Lad den køre i bil
Fortsæt socialiseringen: Når hvalpen er vaccineret, kan du begynde at vænne den til indtryk og lyde udendørs

TRIN 5
Gør bilturene gradvist længere
Begynd på kursus i hvalpesocialisering/træning
Hvalpen bør tilbringe pauser i sin transportkasse eller hvile sig i sin "hule"

Tag det roligt

Hvalpe er nogle underholdende små pelsbundter med tilsyneladende uendelige energiressourcer, og det er fristende at lege med dem i timevis. Men præcis som babyer bliver hvalpe hurtigt trætte og kan blive irritable, så sørg for, at din hvalp får sin skønhedssøvn og en "pause" til afslapning.

Tålmodighed en dyd

Naturligvis ønsker du at tilbringe mest mulig tid med din hvalp og måske også at lege med den og gå lange ture, men overgør det ikke. Voksende knogler og brusk, der udvikles, muskler og sener kan blive ødelagt, hvis det overanstrenges.

På langt sigt betaler det sig at være tålmodig, og en dag bliver du den heldige ejer af en veltrænet og sund, voksen hund.

Det er helt naturligt, at børn drøner rundt, når de leger med hvalpen, men en hvalp, der bliver for ophidset, kan forfalde til sit instinkt og nappe i sit "bytte"! For at undgå det, skal du lære børnene ikke at lege tagfat med hvalpen.

Hvalpetålmodighed

Det er ikke nemt for hvalpen at forstå tålmodighed. Den har alt for travlt med at farte omkring og udforske sine omgivelser. For at den ikke skal udmatte dig helt i løbet af en uge, skal du lære den at være tålmodig, når den vil have opmærksomhed – få den til at udføre en alternativ handling og beløn den for det.

HVORDAN LÆRER MAN TÅLMODIGHED?

1 Lad ikke din hvalp kræve opmærksomhed efter forgodtbefindende, for så bliver den en plage, både for dig og dine gæster. Hvis den kræver din opmærksomhed, mens du er optaget af noget andet, måske ved at hoppe op ad dig eller kradse med poten, skal du bruge kommandoen "dæk" (se side 76-77).

2 Når den lægger sig, skal du sidde stille og tælle til tre. Ignorer den ikke, men sid stille og vær tålmodig.

3 Nu kan du belønne den for at være stille, tålmodig og ikke krævende ved at give den en masse ros. På denne måde lærer din hvalp, at den får opmærksomhed, når du vil give den, og ikke når den kræver det.

Ros er bedre end ris

Din hvalp reagerer mest positivt på ros og belønning. Så husk altid at behandle din hundeven, som du selv gerne vil behandles. Ligesom hos mennesker opnår du den ønskede reaktion, når du er klar, konsekvent og venlig, men bestemt, under hvalpetræningen.

Behagesyge hvalpe

Hvalpe elsker at behage deres ejere, og de nyder det ekstra meget, når de hører entusiastisk ros eller får en lækkerbisken. Belønning – som også kan bestå i et stykke yndlingslegetøj, legetid eller en kærlig berøring – er derfor nøglen, hvis man vil have en glad og lydig hvalp.

Bliv ikke vred

Når du skal lære din nye bedste ven at opføre sig, som du ønsker det, skal du altid tænke i venlig, men bestemt, belønningsbaseret håndtering og undervisning. Undgå at blive vred på hvalpen, og ty ikke til at løfte stemmen og slet ikke til at slå den. Hvorfor? Fordi en hund ikke forstår begrebet "skyld" over at gøre noget, du ikke kan lide eller beder den om; den ved kun, at du er vred på den over noget, den ikke forstår.

Når du er aggressiv over for hvalpen, går det ud over dens selvtillid, og på grund af angst og i et forsøg på at beskytte sig selv kan den reagere aggressivt eller gå i forsvar. Ignorer blot enhver uønsket handling, brug afledningsteknikker eller en pause alt efter behov. På denne måde lærer den hurtigt, at den ikke bliver belønnet for den opførsel – så enkelt er det.

Forlad rummet

Hvis du på noget tidspunkt mærker, at du er ved at blive vred på din hvalp, skal du tage nogle dybe indåndinger og tælle til ti, mens du genvinder din selvkontrol (og din humoristiske sans!). Gå ud af rummet, hvis du har behov for det – lad aldrig din frustration gå ud over din behårede ven. Heller ikke selvom den er årsagen til den.

Grrrr!

Der er dog tidspunkter, hvor det er på sin plads med et "nej" fra dig – udtalt i en lavmælt "knurren", mens du samtidig vender den ryggen. Det er en efterligning af, hvordan dens mor og søskende ville vise den deres utilfredshed, når der var brug for det. Så ved hvalpen, at den adfærd, der udløste reaktionen, var uacceptabel. Pas på med at skræmme følsomme hvalpe, da det kan føre til aggression i selvforsvar.

Gode madvaner

Enhver hundeejer ved, hvor glad hunden kan blive ved udsigten til at få mad. Hvis den kan komme af sted med det, vil hvalpen stikke snuden i madskålen allerede inden, du har tømt dåsen i den! Lær din hvalp gode måltidsmanerer. Det er en god måde at få fred og bringe hundeetikette ind i lærebogen.

Jeg sulter!

Når din hvalp ikke lige sover, vil den konstant være på udkik efter mad at nære sin voksende krop med. Det kan være svært at modstå de sørgmodige, tiggende øjne, og det er fristende at give hvalpen mere mad, end den faktisk behøver. Husk, at godbidder og belønninger også er en del af dens kost.

Du må stålsat modstå overfodring, ellers vil din hvalp blive tungere, end den har godt af. Så længe den får et passende måltid hver dag, sulter den ikke.

Brist i fodringen

Hvis din hvalp er kræsen, eller sluger sin mad i et par store mundfulde, kan det være et tegn på, at der er noget galt. Undersøg følgende:

Arten af mad Sørg for, at din hvalp har nok at tygge i og flere smagsvarianter, så den er beskæftiget, og du undgår adfærdsproblemer på grund af sult og kedsomhed.

Fodringsfrekvens Sørg for, at din hvalp aldrig bliver rigtig sulten ved at fodre den mindst to gange om dagen, og gerne oftere. Ellers kan den blive besat af mad og beskytte den voldsomt ved måltiderne – måske oven i købet blive aggressiv.

Madskåle Måske bliver din hvalp urolig over størrelsen på dens madskål (for lille eller for dyb), materialet (for skinnende), eller hvor den står. Alle disse forhold kan være skyld i, at den ikke spiser godt.

Må jeg spise nu?

Hvis du ikke ønsker, at din hvalp skal overfalde dig, så snart du stiller dens skål frem, skal du enten holde den beskæftiget samtidig med, at du giver den dens mad. Eller du skal distrahere den ved at give den noget at tygge på. Sørg for, at alle i husholdningen holder sig til samme taktik, så den føler sig tryg ved rutinerne omkring måltidet.

Tiggeri og tyveri

Giv aldrig din hvalp rester fra din tallerken, mens du spiser. Hvis du opmuntrer den, også selvom det kun er lejlighedsvis, lærer den

snart, at den får en lækker belønning, hvis den sætter sig ved bordet og kaster sine appellerende øjne på dig. Snart har du et grådigt kæledyr, der tigger om mad og gør ad dig, mens du spiser, hvis du ikke giver den noget.

At gå i snor

Det er nemt at går tur med hvalpe i snor, ikke sandt? Tja, det forudsætter, at du lærer den, at det føles godt at gå ved din side med halsbånd på for enden af en snor. Gør det rigtigt, og I kan se frem til fornøjelige gåture under kontrol. Gør det forkert, og den trækker af sted med dig hid og did!

SÅDAN GÅR MAN I SNOR

1 Hold snoren i din højre hånd og en belønning (godbid eller legetøj) i din venstre og bevæg den i luften, så hvalpen lægger mærke til den. Hold snoren slap, gå baglæns og sig dens navn. Hvis den ikke følger efter, skal du holde legetøjet eller godbidden hen til dens mund, kald så på den igen og fortsæt baglæns.

2 Når den går hen imod dig, fører du hånden med belønningen om bag dit venstre ben og derefter fremad. Den vil nu vende sig for at følge efter. Gå frem, samtidig med at du belønner den og giver den kommandoen "plads!".

4 Under den indledende træning med snor, skal du holde en godbid eller et stykke legetøj i din venstre hånd. Hvis hvalpen skulle blive distraheret eller sakker bagud, kan du så lokke den tilbage i den ønskede position og belønne den.

3 Snoren holdes korrekt sådan her, og dette er den rette position for din hvalp ved din side.

Halsbånd på hvalpen

I starten er det bedst kun at give hvalpen halsbåndet på i korte perioder. Ros den rigeligt, så den føler sig sikker. Sørg for, at halsbåndet passer: Du skal kunne få to fingre ind under det. Når halsbåndet er på, skal du forsøge at distrahere hvalpen med en leg eller en godbid, så den samtidig oplever til-venningen til halsbåndet som noget beri-gende.

Når den helt har vænnet sig til halsbåndet, kan du hægte en kort snor på det og lade hvalpen følge med dig et lille stykke tid. Ros den og beløn den. Når den er fortrolig med den øvelse, kan du opmuntre den til at gå ved din side, mens du holder i snoren.

"Sit!"

Andre bliver imponerede af, at du kan få hunden til at sidde på kommando og dermed demonstrere, hvor velopdragen den er. Men det er faktisk rigtig nemt og også utrolig nyttigt. Alt, hvad du behøver, er tålmodighed og dens yndlingsgodbidder.

Skub resultatet

Hvalpen i siddeposition er udgangspunktet for de næste træningsøvelser såsom "bliv!" (se side 74-75) og "dæk" (se side 76-77). Der gælder fire principper, når du skal lære din hund at sætte sig – og at gøre andre ting – på kommando. Akronymet **SKUB** kan måske hjælpe dig til at huske dem:

1 **S**e
2 **K**ommando
3 **U**dfør
4 **B**elønning

SÅDAN LÆRER DU DIN HUND "SIT!"-KOMMANDOEN

1 Knæl ned, så du sidder i samme højde som din stående hvalp. Hold en godbid fast mellem din tommel- og langfinger, og lad hvalpen lugte og smage den. Derved får du din hund til at se på dig og på den.

2 Løft langsomt godbidden op over hvalpens hoved så den må se op for at se den. Giv den så kommandoen "sit". Den vil lettere kunne holde øje med godbidden, hvis den sætter sig. Hvis den hopper op, skal du ignorere den og tålmodigt starte forfra.

3 Så snart din kløgtige hvalp sidder, skal du rose den vældigt og give den godbidden, som den så rigeligt har fortjent. Gentag øvelsen fem gange i hver træningssession og slut hver gang af med en succes. Øvelse gør mester og husk, at træningssessioner skal være korte og kærlige.

Godt tip

Det er også forbløffende nemt at lære din hund at sidde ved hjælp af et håndsignal. Når den først har lært at sætte sig ved kommandoen "sit!", siger du kommandoen og giver samtidig et håndsignal, som efterligner bevægelsen med godbidden fra før, men løft nu pegefingeren. Beløn hvalpen med det samme ved at rose den, når den sætter sig. Hvis den har svært ved at forstå, hvad du vil have den til, gentager du godbid-øvelsens trin 1-3, og den vil snart få lært, hvad håndsignalet betyder.

Du bestemmer **71**

"Lad være!"

Der er tidspunkter, hvor du af den ene eller den anden grund vil have din hvalp til ikke at røre ting som mad, andre dyr, sko og ekskrementer. Den nemmeste måde at lære hvalpen det på er at sætte sig igennem positivt ved i stedet at få den til at udføre en handling, den allerede kender.

Fodermotivering

En yderst effektiv måde at lære din hvalp at lade noget ligge er at starte med mad. Hav hvalpen i snor, og stil så dens madskål frem. Men lad den ikke spise endnu: Om nødvendigt skal du bruge snoren til blidt at holde den tilbage. Bed den "sit!" stille ved din side (se side 70-71). Vent, til din hvalp ser på dig for at få lov til at spise, også selvom det måske tager lidt tid. Når den ser på dig, kan du opmuntrende sige "spis!" og lade den spise. Husk at rose den rigeligt for at være lydig og tålmodig. Sørg

Når din hvalp først forstår denne rutine i forbindelse med maden, kan du bruge "sit!"-kommandoen, når der er andre ting, den skal lade i fred – uanset om det er ting, den vil tygge på, eller noget andet.

Udvid nu øvelsen. Mens din hvalp venter på at få lov til at spise, træder du et skridt væk fra den og bruger kommandoen "vent!" eller "bliv!" (se side 74-75). Nu venter den, fordi den ikke ønsker at flytte sig fra maden. Gå så tilbage til den, ros den og lad den spise.

for at gentage dette ritual med at give den en ordre, den allerede kender, ved hvert eneste måltid, indtil den til sidst venter stille uden snor, indtil du giver den lov til at spise.

Mens den spiser, giver du den en ekstra godbid eller to i dens skål, så den lærer, at hænder i nærheden af dens mad ikke er en trussel. På denne måde lærer du den ikke at være besidderisk med ting, den betragter som sine, og du undgår problemer med aggression fremover.

Enkelt og effektivt

Når du bruger disse positive træningsmetoder, kan du hurtigt og nemt lære din hvalp at lade ting være og at blive og vente præcis, hvor du vil have den – blot ved at give den en kommando, den allerede kender. De enkle ideer er altid de bedste.

"Bliv!" eller "vent!"

Det er vigtigt, at du kan få din hvalp til at blive, hvor du vil have den både ude og inde. For eksempel kan du bruge kommandoen "bliv!" eller "vent!", når du har gæster og gerne vil have din hvalp til velopdragent at blive i sin kurv. Eller hvis der af sikkerheds- grunde er brug for, at den bliver stående, mens du er ude at gå tur med den.

SÅDAN LÆRER DU DIN HVALP "BLIV"-KOMMANDOEN

1 Få hvalpen til at sætte sig ved din venstre hæl (se side 70-71). Beløn den derefter for at gøre det.

2 Med slækket snor giver du den "bliv!"- kommandoen og holder din hånd med håndfladen åben foran hvalpen. Gentag kommandoen og træd nu et skridt til siden. Gentag én gang til og gå nu hele vejen rundt om hvalpen, tæt ved den.

3 Beløn din hvalp og gentag så øvelsen, men gå denne gang lidt længere væk, mens du er foran, men kom tættere på igen, når du er bag ved hvalpen, så den ikke får lyst til at følge efter dig. Igen belønner du den rigeligt. Hvis hvalpen flytter sig fra "bliv"-positionen, går du et trin tilbage med øvelsen og starter derfra på ny.

4 Udvid "bliv" endnu mere, efterhånden som hvalpen bliver mere sikker på, at du ikke forlader den, og er fortrolig med at blive siddende. Gør snoren længere og øg afstanden til den, mens du går rundt om den.

Fri til at blive og fri til at gå

Når hvalpen har lært at blive siddende med snor på, kan du gå videre med at øve "bliv" uden snor. Gå væk fra den. Giv kommandoen "bliv!" og lad snoren falde til jorden (dette kaldes sit-bliv). Vent et øjeblik, gå så tilbage til den, rundt om den og slut ved dens højre side. Sørg for, at den får rigelig belønning.

Når hvalpen skal fri af sit "sit-bliv", kalder du den ved dens navn efterfulgt af "her!" og indtager en imødekommende stilling for at opmuntre den til at komme hen til dig. Beløn hvalpen, når den kommer. Sikke en god hvalp!

"Dæk!"

Der er mange situationer, hvor det er nyttigt at lære din hvalp at lægge sig og blive i den position, indtil du giver en ny ordre. Det gælder for eksempel, når dyrlægen skal tjekke den igennem, hos hundefrisøren og når den blot skal ligge stille, mens du er i gang med noget andet.

Det er skræmmende dernede!

En hund er mest sårbar, når den ligger ned, så når du lærer din hvalp at gøre det, er det helt afgørende, at du straks giver den en belønning. Desuden bør du overdænge den med masser af ros for at styrke dens selvtillid.

Op igen

Det er nemt at få din hvalp til at rejse sig og sidde eller stå fra en liggende position. Hold en godbid under dens næse og løft den derefter op over dens hoved, mens du siger "sit!" eller "stå!". Beløn den for den rigtige handling med en godbid eller ros.

Ned og bliv

Hvis det går, som det skal, kan du prøve at udvide "dæk"-øvelsen med en "bliv"-øvelse. Gå væk fra din hvalp, mens du siger "bliv" (du kan samtidig give tegn, hvis du ønsker det – se side 74-75). Vent et par sekunder på kort afstand, gå så tilbage til den og beløn den godt. Efterhånden kan du øge afstanden mellem dig og hvalpen, mens du giver kommandoen "bliv". Du vil blive overrasket over, hvor hurtigt den lærer det.

Multitasking

Øv dæk-, sit- og bliv-øvelserne igen og igen, indtil din hvalp forstår og trives med hver enkelt af dem. Bed dernæst om sit, efterfulgt af dæk og bliv, og beløn den. Til sidst gentager du de tre og følger op med "stå" efter "bliv". Beløn den igen. Det er en leg, din hvalp virkelig vil nyde.

SÅDAN LÆRER DU HVALPEN "DÆK"-KOMMANDOEN

1 Mens hvalpen er i sit-position, får du den til at fokusere på en yndlingsgodbid i din hånd.

2 Hold godbidden under dens næse og bevæg den så langsomt ned mod gulvet mellem dens forben.

3 Den synker nu ned for at få fat i godbidden. Når den gør det, siger du "dæk!", og når dens albuer hviler på gulvet, giver du den godbidden og masser af ros. Når din hvalp først har lært at lægge sig på kommando og har det godt med det, kan du fortsætte med rulle-øvelsen (se side 78-79).

"Rul"

Det er virkelig praktisk, når du kan få din hvalp til at lægge sig og rulle omkring på kommando. Dette er et trick, der vil imponere dine venner. Det er samtidig meget nyttigt, når du skal pleje dens underside, tjekke den igennem for knuder og buler og, naturligvis, når du skal kilde den på maven, hvilket den simpelthen elsker!

SÅDAN LÆRER DU HVALPEN "RUL"-KOMMANDOEN

1 Med hvalpen i dæk-position (se side 76-77), holder du en godbid under dens næse og bevæger den langsomt ud til den ene side. Lad den lugte til og slikke på godbidden, så den er ivrig efter at få fat i den.

2 Før nu langsomt hånden med godbidden rundt mod højre. Din hvalp glider ned på siden for at dreje hoved, hals og det øverste af kroppen for at bevare blikket på godbidden. Når den gør det, siger du kommandoen "rul!", giver den godbidden og en masse ros.

3 Når din hvalp føler sig tryg i denne position, fortsætter du med at flytte godbidden videre rundt, så den er nødt til at rulle om på ryggen. Lad den nippe lidt til godbidden, da det er nødvendigt for at fastholde dens opmærksomhed. Samtidig siger du "rul!" og belønner den godt, når den gør det.

4 Gentag trin 1-3, indtil din hvalp er helt fortrolig med at ligge på ryggen. Før så en godbid over mod højre og sig "rul!", så den er nødt til at rulle om på den anden side for at kunne se og modtage sin belønning. Giv hvalpen godbidden og masser af ros.

Stille og roligt

Det er sårbart for hvalpen at blotte sin mave, så den vil ikke rulle om på siden eller ryggen, hvis den ikke føler sig tryg og i sikkerhed. Der kommer ikke noget godt ud af det, hvis I ikke begge er afslappede og føler jer godt tilpas med hinanden. Visse racer såsom greyhound og whippet har sværere ved at rulle omkring end andre på grund af deres bygning, så tag det med i betragtning – hvis din hvalp er en af dem. Bed den ikke gå længere, end den med lethed kan.

"Kurv!"

Når du vil have din hvalp til at flytte sig eller lade dig i fred, er det afgørende, at du giver den et rart sted at gå hen. Dens kurv er det åbenlyse valg, og det kan være meget praktisk at kunne sende den derhen. For eksempel når der er noget, den ikke må komme i nærheden af.

Godbidtræning

Brug hvalpens yndlingsgodbidder til at lære den øvelsen: De mest velduftende og velsmagende virker som regel bedst! Hotdogpølser, skåret i mindre bidder, og levergodbidder er begge velegnede. Kom de lække stykker i en plasticbeholder og vis din hvalp dem. Lad den snuse til dem og giv den så en for at vække dens appetit efter mere. Vis din hvalp vejen til dens kurv med beholderen med godbidder, mens du giver den kommandoen "kurv!". Beløn den. Understreg dette med en "bliv!"-kommando (se side 74-75), beløn den igen og læg et stykke tyggelegetøj ved siden af

hvalpen, så den har endnu en grund til at blive liggende. Således lærer den, at dens kurv altid er et rart sted at være.

Fortsæt med det, du nu vil foretage dig, mens hvalpen ikke er hos dig. Hvis den kommer hen til dig, uden at du kalder på den, skal du blot gentage øvelsen, mens du siger "kurv!"-kommandoen og får den til at lægge sig i kurven og belønner som før.

Nøglepunkter

Hold øvelsen kort i begyndelsen, så din hvalp ikke begynder at kede sig og mister interessen.

I begyndelsen skal du ikke vente for længe med at kalde hvalpen til dig igen, ellers vil den kede sig eller blive urolig og komme ud for at lede efter dig.

Hvis din hvalp kommer tilbage til dig, uden at du har kaldt på den, skal du først ignorere den. Efter et lille øjeblik skal du få den tilbage i kurven ved at bruge både "kurv!"-kommandoen og belønningen.

Gør denne øvelse ofte, så din hvalp forbinder "kurv!" med belønning, og derved lærer, at det er en god ordre at adlyde og derfor gladelig gør det.

Slut altid din øvelse af i en positiv stemning, så din hvalp husker den som en behagelig oplevelse. Denne træningsmetode er meget enkel, men også yderst effektiv for at opnå det ønskede resultat.

"Hent!"

En af de største fornøjelser for en hvalp er at jagte et stykke legetøj. For at du ikke skal løbe rundt efter den og hente legetøjet hver gang for blot at smide det igen, skal du være lidt smart – få den til at hente det og give det til dig igen!

SÅDAN LÆRER DU DIN HVALP "HENT!"-KOMMANDOEN

1 Hold et stykke legetøj i en snor og vift lidt med det, for at hidse den op, så den fornemmer, at legen er ved at begynde.

2 Når den er fokuseret på legetøjet, kaster eller ruller du det væk og siger "hent!" hele tiden. Din hvalp vil helt sikkert gå hen til legetøjet.

3 Når den har samlet det op, kalder du den til dig, mens du bøjer dig fremover, strækker armene ud mod den og igen siger "hent!" med en energisk, glad stemme. Hvis den smider legetøjet og kommer hen til dig, skal du blot gå hen til det og opmuntre den til at samle det op og give det til dig.

4 Når hvalpen så kommer hen til dig med legetøjet, skal du ikke tage det fra den med det samme. I stedet skal du rose den og derpå tilbyde den en godbid, mens du siger "slip!". For at få godbidden vil den lade dig tage legetøjet uden brok. Ros den igen og gentag derpå øvelsen.

Giv mig den

Brug et stykke legetøj, som din hvalp nemt kan bære, og som du kan tage fra dens mund, uden at dine fingre kommer i fare. Passende legetøj kan være en gummiring, et stykke tov eller et trækkelegetøj. Lær hvalpen fra begyndelsen at give dig legetøjet frem for bare at smide det. På den måde er den allerede trænet til at hente og give på kommando, hvis du nogensinde skulle få lyst til at tage den med i en lydighedskonkurrence.

Håndsignaler og tegn

Har du nogensinde undret dig over, hvordan nogle hundeejere kan kontrollere deres hunde på magisk vis blot ved at bevæge hånden på en særlig måde eller indtage en særlig stilling? Det er, fordi disse ejere har lært deres hunde at adlyde håndsignaler. Det er nemt, når du ved hvordan!

Hundesprog

Hunde kan ikke som mennesker tale, når der er noget, de vil sige, så de bruger hovedsageligt kropssprog, når de skal kommunikere med hinanden. Derfor kan det indimellem være vanskeligt for din hvalp at forstå, hvad du vil, blot ud fra din stemmekommando og dit toneleje.

Har du haft en dårlig dag på arbejdet, eller føler du dig skidt tilpas, kan du uden at vide det komme til at bruge et toneleje, der får din hvalp til at tro, at du er sur på den. Husk, at din hvalp altid reagerer bedst på venlighed og belønning. Et skarpt eller vredt ord fra dig kan forstyrre opbygningen af tillid og den gode træning, du har opnået indtil nu, ved at slå skår i dens følelse af sikkerhed og tryghed ved den vigtigste person i dens verden – dig.

En måde at undgå det problem er at lære den håndsignaler (også kaldet håndtegn), samtidig med at du lærer den stemmekommandoer. Det er også en fantastisk måde at

træne døve hunde på. Det er dog afgørende, at de andre medlemmer i familien lærer at benytte de samme håndsignaler, så hvalpen ikke ender med at blive totalt forvirret.

Forslag til håndsignaler og kommandoer

"Se mig"
– knips evt.
med fingre

"Rul"

"Sit"
– evt.
hvislelyd

"Plads"
– evt. klap
på hofte

"Dæk"

"Her"

"Stå"

"Bliv" eller
"vent"

Legetid!

"Vil du med ud?" og "Skal vi lege?" er spørgsmål, der vil begejstre din hvalp hver eneste dag, når den først finder ud af, hvad de betyder. Begge vil få den til at rejse ørerne og logre med halen, så den næsten falder af.

Sjov og lege

Det er rigtig sjovt at lege med hvalpe. Altid begejstrede og glade, fordi det, de holder allermest af ved at være din ven (bortset fra at blive fodret), er, når der er underholdning i sigte.

Hvalpe elsker gåture og lege – begge dele på samme tid er endnu bedre! Leger du med

hunden på gåturen og varierer ruten dagligt, hvis du kan, vil det bevare hvalpens fokus på og interesse for dig. Lege er et led i en vellykket træning og modvirker, at den bliver distraheret og løber væk.

Desuden er legene med hvalpen en fantastisk lejlighed for jer til at lære at kommunikere, opbygge tillid og have det sjovt og samarbejde.

Legeplan

Der er masser af lege. For eksempel:

Gemmeleg Sæt dig på hug bag en busk eller et træ og kald på din hvalp for at den skal finde dig.

Skattejagt Gem legetøj og godbidder, som den skal finde (se side 182-183).

Følg lederen Lav en enkel forhindringsbane med kegler og andre genstande, man skal gå under, gennem og over, og se, hvor længe du og din hvalp er om at gennemføre den.

Find den Stil en række tomme dåser op. Gem en godbid under én af dem. Se hvor lang tid det tager din hvalp at finde gevinsten.

Tips til legen

Vent med leg og motion til mindst 45 minutter efter, den har spist. Det er ikke godt for nogen af jer at løbe omkring med fyldt

mave. Et andet godt tidspunkt er lige inden, din hvalp skal være alene i et stykke tid. Så vil den sove fredeligt, mens du er væk.

Gamle sutsko og sko er ikke passende legetøj til en hvalp. Den vil tro, at den må lege med alt fodtøj.

Undgå at bruge pinde og træstykker som legetøj – splinter kan give skader, og en pind kan stange den. Sten dur heller ikke. De kan ødelægge tænderne og er nemme at sluge. To eller tre korte legesessioner er meget bedre for din hvalp end én lang.

Træning med klikker

En klikker kan være en fantastisk hjælp i træningen af hvalpen, da den giver et øjeblikkeligt tegn som belønning til hvalpen, når den opfylder dine ønsker. Det er ikke svært at lære at bruge den korrekt: Øvelse gør mester!

Øjeblikkelig belønning

En klikker er et lille redskab, der holdes i hånden. Den består af en plasticbeholder med en metalfjeder indeni. Når man trykker på den med tommelen, giver den en let genkendelig, dobbelt klikkelyd. En klikker er lille nok til at gemme i hånden, nem at bruge og særdeles effektiv: Du skal blot trykke og klikke for at "fremme" god opførsel.

Det helt fantastiske ved klikkeren er, at virkningen er øjeblikkelig: I præcis det øjeblik, hvor din hvalp udviser en ønsket adfærd, klikker du, og giver den en godbid som belønning. Den vil snart forstå, at denne lyd betyder, at en bestemt adfærd er ønsket, og dette understreges af belønningen. Klik, belønning; intet klik, ingen belønning!

En anden god ting ved klikkeren er, at den kan bruges på afstand. Din hvalp vil komme hen til dig for at få den ventede belønning. Lige så uundværlig klikkeren kan være i starten af træningen, lige så let udfases den, når hvalpen har lært en bestemt adfærd.

Vær rettidig!

Præcis timing er nøglen til succes. Øv dig uden hvalpen, indtil du kan bruge klikkeren med fuldkommen præcision. Test dig selv ved at kaste en bold op i luften og klikke, inden den når jorden, eller kast den mod en væg og klik, før den når sit mål.

For at gennemføre klikkertræningen skal du bruge nogle rigtig lækre godbidder. Opbyg associationen mellem klikkeren og belønning ved at kaste en godbid og klikke, lige inden din hvalp æder den og vender tilbage til dig. Klik kun én gang og hold ikke klikkeren tæt ved hundens hoved eller ører. Gentag adskillige gange.

Klik og beløn

Når hvalpen forbinder klik med belønning, kan du begynde at bruge klikkeren i træning. For eksempel til at lære hvalpen "sit":

1 Stå hos hvalpen og vent, til den sætter sig.
2 Så snart den sætter sig, klikker du og siger "sit!".
3 Beløn den med en godbid og ros den rigeligt.

Hvalpen lærer, at der vanker en belønning, når en sætter sig ved stemmekommando. Udfas gradvist klikker og godbidder, men ros den altid for ønsket adfærd.

Hvalpen møder verden

Indtryk og lyde

Forestil dig, at du er i en verden af kæmper og larmende maskiner og ikke er sikker på, om de vil gøre dig fortræd. Det er det, der venter din hvalp, når den kommer ud i verden. Så du må lære den, at der ikke er noget at være bange for.

"Det lyder skræmmende!"

For dig er dit hjem et behageligt og trygt sted, men for din hvalp kan de første dage med de ukendte indtryk i hjemmet, lugte og lyde forekomme ret så skræmmende.

Larm fra telefonen, tv og vaskemaskine kan

sætte den i panik, første gang den hører dem. Især fordi hundens hørelse er meget bedre end menneskets.

Når du først ved hvordan, er det nemt at venne hvalpen til disse lyde (se også side 122-123). Den afgørende socialiseringsperiode for en hvalp – når den helt naturligt er mest nysgerrig og har lyst til at udforske – slutter ved 18 uger, selvom det kan variere, afhængig af race og personlighed. Det er vigtigt, at hvalpen bliver præsenteret for så mange af disse ting, inden den når den alder.

Helt normalt

I starten skal du holde hvalpen i et andet rum og aflede dens opmærksomhed med aktivitetslegetøj eller mad (se side 16-17 og 134-135), mens du bruger husholdningsmaskiner. Det får hvalpen til at forbinde lydene med noget godt, og den lærer, at de ikke er en trussel.

Snart kan du lukke den ind i rummet med genstande, uden at den tager notits af dem,

da den er vænnet til lyden af dem. For eksem-
pel kan en støvsuger virke som et larmende
monster. Men hvis du lader din hvalp under-
søge den, mens motoren går, og den står stille,
så lærer den i sit eget tempo, at støvsugeren
ikke er til fare for den. Hvis du selv virker ube-
kymret, ser den snart larm i husholdningen
som noget helt normalt.

Gadeklog

Udenfor skal du præsentere din hvalp for trafik
og mennesker overalt, lige fra travle gader og
markeder til udklædte "ballade-eller-slik"-børn,
der kommer på besøg til Halloween (se side
96-97 og 170-171). Gør dette gradvist, indtil den
ser alt dette som ganske normalt og ikke noget
at hidse sig op over. Sørg for, at halsbåndet er
stramt nok til, at den ikke kan undslippe, hvis
den skulle blive bange og forsøge at stikke af.

Rejse i bil

Det er skønt at kunne have hvalpen med overalt i familiens hverdag, og der er ikke noget dejligere end en familieudflugt i parken eller ved stranden. For mange involverer det en køretur i bil, så din hvalp skal vænnes til at køre i bil.

Tryg rejse

Hvis din hvalp skal udvikle sig til en glad rejsende, må den forbinde bilturen med noget behageligt. Det betyder ikke, at du blot skal køre til dyrlægen og tilbage igen, for så lærer din hvalp måske, at der venter en ubehagelig oplevelse for enden af bilturen!

Hunde skal være fastspændte under transport. Man kan købe specielle seler til hunden, ellers er transportkasser populære og praktiske. Brug helst dens hule, så den er i velkendte, trygge omgivelser. Det vil også afholde den fra at aflede din opmærksomhed, mens du kører. Hvalpen er samtidig sikret i tilfælde af en

ulykke. Læg et skridsikkert underlag i bunden – for eksempel en gummimåtte – med dens tæppe ovenpå.

Alternativer er en transportkasse i hård plast (til en lille hvalp) eller et dyrebur. Du kan også købe en rejsesele til hunde, men den er ikke god til en hvalp.

Dyrebar last

Det er vigtigt, at bilen er godt ventileret, og at du kører forsigtigt. Sørg for, at gearskifte og sving om hjørner er jævne, og at du bremser gradvist, så hvalpen ikke kastes omkring i sin transportkasse. Køresyge kan forværres ved ujævn og hoppende kørsel. Husk, at man ikke bliver så syg ved blid kørsel!

I starten skal du tage hvalpen med på små ture – en tur rundt i kvarteret til at begynde med. Beløn den for at hoppe ind i kassen og igen, når rejsen er slut. Øg rejsetiden gradvist.

Tips til turen

Efterlad aldrig hvalpen uden opsyn i bilen, heller ikke selvom du bare lige skal ind i en butik. Hunde kan hurtigt få det for varmt, og det kan være fatalt.

For at den ikke skal kaste op, skal du ikke fodre hvalpen umiddelbart inden en tur, dog er det ok at drikke. Helt ideelt er det at vente flere timer efter maden, inden rejsen påbegyndes.

Prøv at få din hvalp til at besørge inden rejsen.

Tag noget vand og en skål med på rejsen. Medbring også plasticposer, køkkenrulle, gummihandsker, klud, vand og et dyreegnet desinfektionsmiddel så du kan ordne eventuelle uheld ved sygdom eller besørgelse.

Mødet med nye venner

Din hvalp elsker at møde mennesker og få masser af opmærksomhed – så længe den føler sig tryg ved dem og sikker på, at de ikke udgør en trussel. Det er din opgave at sørge for, at den lærer at have det sådan.

Mødet

Din hvalp adskiller sig nok ikke så meget fra dig, når det handler om at nyde at møde venner og dele erfaringer med dem. Den vil sætte pris på at mødes med velkendte venner i den lokale park, på gåture og ved hundetræningen og at få mulighed for at drøne rundt og jagte hinanden i leg. Når I skal mødes med andre ejere og deres hvalpe, ser både du og din hvalp frem til at omgås dem og nyde deres selskab. Er du ny i området, kan du finde en lokal hundetrænings- eller hundeluftnings-

gruppe på internettet, i lokale medier eller i dyreklinikken.

En fornøjelse!

Forsøg at lade din hvalp møde mennesker af begge køn, alle aldre og forskellige fremtoninger, så den vænner sig til at mødes med og omgås alle slags. Beløn den, så den ved, at den er i godt selskab. For eksempel kan det være lidt skræmmende for hvalpen, hvis der skulle komme én i uniform eller en motorcyklist i sit læderantræk og med hjelm, så det betaler sig at præsentere den for synet. Bed folk, du møder, om at give hvalpen opmærksomhed og mad-godbidder (hav dem med dig af samme grund), så den ser dem som en berigelse.

For mange mennesker

Dog skal der lyde en advarsel: Forsøg ikke at præsentere din hvalp for alt for mange mennesker på én gang, det kan være for overvældende. Gør det lidt ad gangen over en periode, så den vænner sig i et tempo, den kan håndtere mentalt. Ti minutter om dagen er nok i starten. Tid og tålmodighed gør underværker, og husk at socialisering er en fortløbende proces gennem hele hvalpens liv.

Gribe fat i hvalpen

Du bør vænne hvalpen til at blive grebet fat i pludseligt. Der vil nødvendigvis opstå situationer, hvor nogen vil gøre det ved den. Især hvis den møder små børn, eller når du eller en anden er nødt til at tage fat i den pludseligt af sikkerhedshensyn. Du skal træne at tage fat i den pludseligt, men beløn den umiddelbart efter, så den lærer, at der ikke er noget at være bange for.

Hvalpetræning

Socialiseringsundervisning for hvalpe svarer til børnehaveklasse for børn. Her får din lille ven nye kammerater – både mennesker og andre hvalpe. Den lærer at møde, hilse på og lege med andre under kontrollerede og trygge forhold.

Find den rigtige træner

Når din hvalp er blevet vaccineret og har lært at gå med snor (se side 30-31 og 68-69), træner du den bedst ved at tage den med til skræddersyet undervisning hos en anerkendt træner. Mund til mund-metoden er den bedste måde at finde en træner – for eksempel kan du spørge hvalpens kennel, om de kan anbefale nogen. Inden du tager hvalpen med derhen, skal du spørge, om du må komme hen at se på undervisningen for at sikre dig, at du kan godkende den. En god træner vil ikke afslå dette rimelige ønske.

Foregår undervisningen inden døre, skal du lægge mærke til gulvet: Det bør være skridsikkert for at undgå ulykker. Der bør kun trænes efter belønningsmetoden.

Ingen bøllemetoder

Ved undervisningen kan din hvalp møde andre på sin egen størrelse og alder og deres ejere. Lad den mingle med de andre – først med snor og derefter uden – hvalpene finder selv et passende niveau i legen og jagten, og de finder selv en passende hakkeorden.

I begyndelsen må hvalpen ikke blive tvunget ind i skræmmende situationer. En god

træner vil sørge for, at ingen slåskamp i leg kommer ud af kontrol, og han vil forebygge bøllemetoder.

Hvalpe"fester"

Hvalpefester passer som regel til hvalpe på 10-12 uger; ældre hvalpe fortsætter til hvalpetræning. For at undgå bøllemetoder eller at en sky hvalp bliver overvældet af en mere udadvendt, er det bedst, at der ikke er mere end to til tre hvalpe i en legegruppe med hvalpe af samme størrelse, alder og personlighed.

Fester i dyrlægeklinikker, som oftest arrangeres af sygeplejerskerne, er en oplagt lejlighed for hvalpen til at møde personalet. Desuden er der den bonus, at hvalpen virkelig vil nyde at være der, i stedet for udelukkende at forbinde indtryk og lugte i klinikken med indsprøjtninger og andre ubehagelige eller skræmmende oplevelser.

Barnepigehunde

Der er også brug for voksne hunde. Nogle trænere har deres egne veltrænede hunde med til formålet. De kan godt lide hvalpe, men vil ikke acceptere vild leg. Sådan en barnepige lærer hvalpen at have respekt for de gamle uden at blive aggressiv.

Hos dyrlægen

Besøg hos dyrlægen bliver mindre anstrengende for jer begge, hvis hvalpen kan lide at komme der. Her er nogle gode råd til, hvordan turen på klinikken bliver mere fornøjelse end smerte – uanset årsagen til besøget.

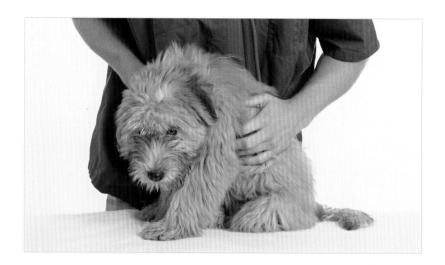

Styr på det grundlæggende

Du skal melde dig til en klinik, som du har det godt med. Besøg gerne flere, hvis du har mulighed for det, indtil du finder den, du er gladest for. Hold øje med særlige signaler – hvis dyrlægen eller personalet virker afvisende over for dig og ikke viser interesse for din hvalp, skal du gå hen et andet sted. Hvis du ikke føler dig godt

tilpas, vil din bekymring overføres til hvalpen, så snart I træder ind i klinikken, og den vil fornemme, at der er grund til at være bange.

På vej til klinikken er forsigtig og hensynsfund kørsel afgørende (se side 94-95), ellers vil hvalpen forbinde besøget hos dyrlægen med noget ubehageligt.

For din egen sjælefreds skyld er det en god

til behandlinger. Så bliver hunden ikke mistænksom, hver gang I tager derhen. Mange klinikker anbefaler denne fremgangsmåde, da det er nemmere for dem at håndtere en hvalp, der er rolig, end en hvalp, der er stresset og bange.

Så er der fest

Hunde, der ikke er trænet i at gå til dyrlægen, nyder som regel ikke besøgene. Det er, fordi de kun kommer på besøg, når de har brug for behandling, som oftest er ubehagelig eller smertefuld. Tag derfor din hvalp med til hvalpefester hos dyrlægen (se side 98-99), så den helt fra start ser det som et rart sted at være. Den vil forbinde det med leg, legetøj og godbidder og et venligt personale, der roser den.

ide at få en sygeforsikring til hvalpen eller regelmæssigt at lægge penge til side til dyrlægeregninger, både de rutinemæssige og de akutte.

Få hvalpen til at slappe af

Sørg altid for, at hvalpen får en belønning, når den er til dyrlæge, så den forbinder besøget med noget rart. Medbring godbidder og dens yndlingslegetøj til at adsprede den, mens I venter. Bevar selv roen, så den mærker, at alt er i fineste orden og der ikke er noget at bekymre sig om. Bed dyrlægen og personalet om at tage venligt imod din hvalp, så den opfatter dem som venlige og rare at være sammen med.

Det betaler sig at smutte ind omkring klinikken regelmæssigt – blot for at sige hej – ikke kun

Hundepensioner

Der kommer et tidspunkt, måske når din hvalp er lidt ældre, hvor du gerne vil på ferie – det vil din hvalp også gerne, men kun hvis du har arrangeret femstjernet overnatning, hvor den vil få det lige så godt som hos dig!

Prima overnatning

Der kan være tidspunkter, hvor du ikke ser anden udvej end at overlade din hund til en hundepension. Det kan godt være, du er bekymret for, om den bliver ked af det, mens du er væk, men højst sandsynligt vil den få det fantastisk godt – så længe du har valgt et sted med et godt ry. Der er imidlertid ingen tvivl om, at den bliver glad for at se dig igen, når opholdet er forbi.

At finde en pension

Den bedste måde at finde en passende pension er mund til mund-metoden. Spørg dine venner og familie, som har hunde, og din hundetræner, om de kan anbefale et sted. Alternativt kan du se, om der skulle være et opslag hos dyrlægen, hos hundefrisøren eller i dyrehandelen. Endelig kan du søge i lokalavisen, telefonbogen, på biblioteket eller internettet. Næste trin er at besøge stedet for at se det an (se modsatte side). Vær opmærksom på, at de gode pensioner bliver fyldt op i god tid, så udsæt det ikke til sidste øjeblik.

Hvalpemoteller

Mange mennesker kan lide at blive forkælet på deres ferie, og de synes måske, at deres kæledyr fortjener en lignende servicestandard. Nogle pensioner tilbyder hjemlige bekvemmeligheder som lænestole, musik, centralvarme, hjemmelavet mad – ja, selv en dukkert i den opvarmede swimmingpool sammen med en ledsager! Selvom den slags pensioner er dyrere end en almindelig pension, beslutter du dig måske for, at det er pengene værd at vide, at din hvalp lever svøbt i luksus, mens du er væk.

Tjek dem

Besøg alle pensioner på din liste for at sikre dig, at de lever op til din standard. Det skal pensionen opfylde:

Være ren.

Være godkendt af de lokale myndigheder og have godkendelsen fremme på et synligt sted.

Have et godt personale, som er hjælpsomme og elsker hunde.

Når du er på besøg, så sørg for at få svar på:

Hvad koster det pr. dag alt inklusive?

Hvordan får hvalpen rørt sig?

Hvad gør pensionen, hvis din hvalp bliver syg, mens du er væk?

Hvordan dækker forsikringen, hvis din hvalp skulle stikke af og blive væk, komme til skade eller i værste fald dø, mens pensionen har ansvaret for den?

Hvalpen møder verden **103**

Forstå din hvalp

At tale "hundesprog"

Du og din hvalp vil få et meget bedre forhold til hinanden, hvis du forstår, hvad din hvalp forsøger at fortælle dig, og den vil være meget gladere. Når du udvikler et godt kendskab til "hundesprog", vil det berige jeres samliv på rigtig mange måder.

At forstå hinanden

Uanset hvor meget du anstrenger dig eller hvor intelligent din hvalp er, så vil den aldrig helt forstå dit sprog. Det eneste sprog, den nogensinde vil komme til at "tale", er "hundesprog", som primært består i adfærd og kropssprog. Hvalpen kan naturligvis lære betydningen af nogle af dine verbale kommandoer og vil hele tiden forsøge at kommunikere med dig på andre måder end ved tale.

Din hvalp bruger alle sine sanser for at gætte, hvad der er på færde. Dens adfærd er en reaktion på disse sansninger, men glem ikke, at den ser det hele længere nedefra og lugter det hele meget stærkere og hører ting på meget større afstand end du.

Iagttag og lær

Gør et nummer ud af at iagttage hvalpen, når den kommunikerer med andre hunde. Det udvikler din evne til at forstå, hvad den siger. Du vil straks se, at de "taler" til hinanden, overvejende ved hjælp af kropssprog. Halens position, holdningen, opførslen og ørernes, øjnenes og mundens udtryk er alle af stor betydning. Hvalpe forsøger at kommunikere med mennesker på samme måde, så det er vigtigt, at du ved, hvad en logrende hale (se side 110-111) og andre former for kropssprog egentlig betyder.

Glad eller ked af det?

Du kan gå ud fra, at en glad og selvsikker hvalp vil se afslappet ud, holde hovedet højt og halen lige i vejret – måske logre lidt med den. Den vil have opretstående ører, og dens mund og kæbe vil fremstå afslappet.

En ulykkelig hund trækker sig ind i sig selv. Den kan også udvikle, hvad du vil kalde uønsket adfærd, såsom stereotyp adfærd (tvangshandlinger) for at trøste sig selv.

Hvalpe kan godt blive stressede over tempoet i deres ejeres hektiske liv, så pas på, at du ikke har for travlt til at sørge for hvalpens behov. Vær også opmærksom på, at handlinger eller stemmeføring, der udtrykker utålmo-

dighed, vil såre hvalpen dybt og gøre den ulykkelig.

Frem for alt er kendskabet til hvalpens personlighed nøglen til at erkende dens følelsesmæssige tilstand. Og den hemmelige vej til lykken er at være lydhør over for dette.

Glad lille fyr

Hvordan ved du, om din hvalp er glad? Og hvordan ved du, om den kan lide dig? Det er vigtigt, at du forstår, hvad hvalpen "siger" til dig for at udvikle et rigtig godt forhold til din firbenede ven.

Hvalpesprog

Hvalpe elsker alle og er glade for at møde nye venner, uanset om de er mennesker eller dyr. Din hvalp kommunikerer ved hjælp af kropssprog, holdning, ansigts- og stemmeudtryk og dens opførsel. Når du har lært at forstå dens tegn, vil de fortælle dig om dens følelsesmæssige tilstand.

Ligesom vi selv oplever hvalpe et fuldt spektrum af følelser fra glæde og tilfredshed til depression, frustration, frygt, angst, vrede og aggression. Efterhånden som dit forhold til hvalpen udvikler sig, vil du kende dens humør blot ved at se på den. På den måde vil du kunne finde ud af, hvad den føler, hvad den vil og hvad den har brug for, så du kan give den et fantastisk liv.

Glad hvalp

En glad hvalp er selvsikker, rolig, og afslappet. Den har det godt med sig selv, søger ikke hele tiden opmærksomhed, udviser ingen adfærds- problemer, har en god appetit og fremstår ge- nerelt som et billede på sundhed.

Hvalpe har forskellige personligheder. Mens en glad hvalp måske er legesyg, energisk og nysgerrig, så er en anden – lige så glad – måske mere tilbageholdende, stille og mindre udtryks- fuld. Du vil snart finde ud af, om din hvalp er en energisk type eller ej.

Kan den lide mig?

Hvis den synes, at du bare er helt fantastisk, vil din hvalp være afslappet sammen med dig, glad for at få opmærksomhed og interesseret i at lege med, når du vil lege med den. Hvis den ikke kan lide dig, vil den være tilbageholdende og undgå dig – og så får du brug for at lære, hvordan du gør det godt igen.

KROPSSPROG

Generelt kan du se på hvalpens fremtoning og dens opførsel, hvad den vil formidle til dig. For eksempel:

Aggression, angst og/eller usikkerhed	Stiv kropsholdning med rykvise bevægelser, snerren/knurren, halen mellem benene
Afslappet/tilfreds	Afslappet holdning, bløde bevægelser
Rolig og vågen	Venlig, interesseret udtryk, ørerne fremadrettet
Skræmt	Trækker sig sammen, ørerne tilbage, truende udtryk, knurren eller klagen
Ulykkelig eller syg	Stiv holdning, ørerne tilbage, langsomme bevægelser
Underkastelse	Dukker sig, slikker sine læber, klager sig
Legesyg/glad/ opmærksomheds- søgende	Afslappet krop og logrende hale, "smilende" ansigt, ørerne afslappet, ekstatisk bjæffen/gøen

Logrende hale

Din hvalps hale er et barometer, der kan hjælpe dig til at afkode dens sindstilstand. Måske tror du, at hvalpen logrer med halen, fordi den er i godt humør eller glad for at se dig, men det er ikke altid tilfældet.

Sociale signaler

Hvalpe begynder som regel at logre med halen, når de er 6-7 uger gamle. Det er her, de begynder at udvikle deres sociale færdigheder og nyder at lege – logren med halen kan ofte svare til at vifte med et hvidt flag, hvis legestunden ender med at blive lidt barsk!

Logren med halen kan også svare til menneskets smil eller håndtryk, eller til et tegn på ophidselse eller nydelse – måske når du nær-

mer dig hvalpens snor for at gå tur med den. Men logren med halen kan også være en advarsel, eller et tegn på aggression eller forsvarsposition.

Hvalpen logrer kun med halen mod ting, den ønsker at kommunikere med, og som den tror vil reagere på det. Et godt eksempel er, når du nærmer dig med en skål mad: Den ville ikke logre med halen, hvis den blot kom ind i et rum og fandt en skålfuld mad på gulvet.

Hold øje med logren

Under visse omstændigheder, måske når I møder en ukendt hvalp eller voksen hund på gåturen, kan logren betyde, at din hvalp føler sig usikker eller er bekymret. For at kunne aflæse hvalpens kropssignaler korrekt, må du lære at se på halens position, se på, hvordan den logrer med den, og også tage omstændighederne og andre signaler fra din hund med i betragtning.

Ingen hale overhovedet

Undersøgelser viser, at det kan være en social ulempe for hvalpe at have en kuperet hale (fjernet ved operation for udseendets skyld). De kan bl.a. have svært ved at kommunikere effektivt med hinanden, da andre hvalpe og voksne hunde ikke kan aflæse deres haleposition.

HALEPOSITIONER

Glad og venlig	Halen opret, vifter trygt fra side til side
Legesyg	Halen logrer, og kroppen er afslappet, "smilende" ansigt, ørerne slappe
Nysgerrig	Halen ret op, muligvis langsom, usikker eller uregelmæssig logren
Utryg/usikker	Halen mellem benene, tilbageholdt logren

Bange	Halen mellem benene
Aggressiv	Halen ret op eller lige ud fra kroppen, måske står hårene, logrer måske
På rov	Halen lige, lavt og uden bevægelse (for ikke at varsko byttet)

Sådan bliver din hvalp tilfreds

Når du har en hvalp, er der tale om udveksling. Din legesyge hvalp bringer glæde ind i dit liv og vil tilfredsstille dig. Til gengæld må du gøre alt, du kan, for at gøre dens liv lige så lykkeligt og hver dag fuld af sjov.

Vis respekt

Der er meget at lære om, hvordan du sørger for, at din hvalp er den mest tilfredse hund i byen. Men det er rart at vide, at du har gjort alt, hvad der står i din magt, for at din hvalp skal stråle af glæde og godt helbred. Og endnu bedre – det koster ikke en masse tid, penge eller anstrengelser.

Nøglen til at få en tilfreds hvalp er at tage hensyn til dens følelser, på samme måde som du ville respektere familiemedlemmers og venners følelser. Uanset hvordan du selv har det følelsesmæssigt, skal du prøve at lade hvalpen komme i første række og ikke lade din fremfærd eller dit stemmeleje udtrykke utålmodighed, da den ikke forstår, hvorfor det bliver rettet mod den. Første skridt til at lære at respektere hvalpen er at lære, hvordan du uselvisk tilfredsstiller dens behov – både de mentale og de fysiske. Den vil elske dig så meget desto mere.

Regler for respekt

Fremfærd Undgå at rette pludselige bevægelser eller høje lyde mod din hvalp, som den kan opfatte som aggressive, selvom det er tilrådeligt at lære den at blive "snuppet" (se side 96-97).

Forståelse Hvis din hvalp udviser naturlig adfærd, som for eksempel at rulle sig i andre dyrs fæces eller at snuse under andre hundes hale, må du ikke give den en reprimande. Afled i stedet dens opmærksomhed med et stykke legetøj eller en godbid.

Selskab Det er ikke i orden at nægte hvalpen menneskelig kontakt i længere tid. Det kan føre til problemadfærd.

Sikkerhed Udsæt ikke din hvalp for farlige situationer såsom at være i nærheden af ukontrollerede, potentielt aggressive hunde.

10 TRIN TIL LYKKEN

1   Giv din hvalp rutiner og hold dig til dem.

2   Gør dens liv interessant med legeting og lege (se side 138-139).

3   Bevar hvalpe-hundens nysgerrighed ved at gemme legetøj og godbidder, som den skal finde.

4   Varier ruten for dens gåtur og prøv nye aktiviteter sammen, efterhånden som den vokser til.

5   Hold dens pels velplejet og fri for lopper.

6   Lær den at udføre opgaver, som for eksempel at finde dens snor eller at hente madskålen.

7   Giv den sin egen, behagelige kurv.

8   Sørg for, at den har det rigtige foder og nok af det og konstant adgang til frisk, rent vand.

9   Gå den efter hver dag for knuder og buler og tegn på sygdom (se side 120-121).

10 Fortæl den hver eneste dag, hvilken smuk hvalp den er!

Set med hvalpens øjne

Forestil dig, hvor ulykkeligt dit liv ville være, hvis du blev bange, hver eneste gang nogen gloede på dig. Din hvalp skal kunne se dig i øjnene uden at se et truende blik. Så brug noget tid hver dag på at øve det.

Øjenkontakt

Din hvalps øjne kan lære dig meget. Det samme kan dens villighed til at se direkte på dig.

Når en hund i naturen stirrer direkte på en anden, er det for at udfordre den. Derfor er mange hundes ubehag ved at få øjenkontakt med mennesker så stort, at de vil begynde at slikke deres læber eller gispe. Mere bekymrende er det, når øjenkontakt til tider kan udløse en pludseligt opstået aggressiv reaktion hos en hund, der ikke fra hvalp er vænnet til at have øjenkontakt med mennesker – et tilfælde af "jeg tager dig, før du tager mig!"

For at undgå det scenarie, og for at du og din hvalp kan se på hinanden i gensidig beundring, må du lære den, at øjenkontakt med mennesker ikke er noget at være bange for, og at det faktisk kan være en tilfredsstillende oplevelse.

Ros med blikket

Især hvis der er børn i huset, er det vigtigt at lære hvalpen at have øjenkontakt, uden at se det som noget skræmmende eller aggressivt. Børnene er nemlig ofte i øjenhøjde med hvalpen, når de leger med den på gulvet.

Det styrker hvalpens selvtillid, når den lærer, at øjenkontakt er en god ting. Indpod det ved at tilbringe legetid med den hver dag, hvor du giver den kærlighed og godbidder, samtidig med at du opmuntrer den til at se på dig. Når den ser på dig, skal du rose den overstrømmende. Snart kan godbidderne undværes og rosen stå alene: Din venlige stemme vil i sig selv være belønning nok.

"Se!"

Det kan være meget praktisk at få din hvalp til at fokusere sin opmærksomhed på dig på kommando. Vil du lære den det ved at bruge klikker-træning (se side 88-89), skal du give den kommandoen "se!", hver gang du ønsker, den skal se på dig. Og så snart den ser på dig, klikker du og tilbyder den et stykke mad til belønning. Med øvelse lærer den at se på dig, når den hører den verbale kommando alene.

Ansigtsudtryk

Som du vil opdage, har din hvalp en lang række ansigtsudtryk, som viser dens sindstilstand. Den bruger dem i kommunikationen med andre hunde. Sådan lærer du, om din hvalp lægger an til et kys, eller den spidser læberne i forvirring.

Hold øje med dens mund

Læg mærke til hvalpens udtryk, mens I leger, eller når den er bange eller føler sig truet. Det kan give dig en god fornemmelse for dens sindstilstand, især hvis du også tager dens øvrige kropssprog og situationen med i betragtning. Ved tidligt at lære hvalpens udtryk at kende, kan du lære at afkode dens følelser, og hvordan du bliver god til at afværge potentielt vanskelige situationer.

En hvalps snudeparti, knurhår og nakke er følsomme områder, så vær forsigtig, når du aer den på disse sårbare områder.

Forstå udtryk

Glad Din hvalp har munden let åben og kan vise lidt af sin tunge.

Nysgerrig Hvalpen holder munden lukket, kaster måske hovedet til den ene side, retter ørerne lidt fremad og ser i retning mod det, der har tiltrukket sig dens opmærksomhed.

Lyttende Din hvalp står eller sidder stille med munden lukket og ørerne rettet fremad i et forsøg på at forstå, hvad det er, den har hørt.

Underkastelse Den dukker sig, slikker sine læber eller gaber for at sige "jeg er bare en lille en, gør mig ikke fortræd!"

Bekymret Hvis din hvalp bider kæberne sammen og vender hovedet væk fra noget, den har set, føler den sig usikker eller bekymret. Det er en pacificerende gestus snarere end en aggressiv.

Angst Hvis din hvalp er bange, sænker den hovedet og trækker ørerne tilbage. Dens læber er løse eller trukket tilbage.

Truende Din hvalp krænger læberne tilbage for at blotte tænder og gummer. Den tyr ofte til dette, efter at andre mere subtile signaler – som at se væk – har svigtet.

Aggressiv En hvalp, der åbner sin mund, rynker på næsen og blotter alle sine tænder, sender en sidste advarsel om, at den er på vej til at bide.

Smiley-hvalpe

Nogle racer, herunder dalmatiner og dobermann såvel som terriere, er rent faktisk kendt som "smilere", da de ofte hilser på deres ejere med munden let åben, mens de blotter fortænder og hjørnetænder. Det er ikke et tegn på aggression, men på underkastelse.

"Jeg er ulykkelig – hjælp mig!"

Glade og sunde hvalpe er naturligt udforskende, legesyge og interesserede i deres omgivelser. Hvis dette ikke beskriver din hvalp, og du tror, den er ulykkelig, må du agere hundedetektiv for at finde årsagen og så give den en opstrammer til at muntre den op.

Er den syg?

En ulykkelig hvalp sover mere end normalt, virker uinteresseret, bliver indadvendt, ønsker ikke at omgås andre, og er særligt destruktiv

eller udviser aggression. Den kan også nægte at spise, stønne, klage sig, knurre, gø uhæmmet eller blive unormalt afhængig af dig. Det første, du skal gøre, er at tage den med til lægen for at udelukke en fysisk årsag.

Beroligende duft

Hvis dyrlægen frikender hvalpen, vil en deprimeret og angst hvalp måske reagere på en DAP-spreder (dog appeasing pheromone), som kan købes i enhver dyrlægeklinik. DAP er en syntetisk version af et duftstof, der udskilles af ammende tæver få dage efter, de har fået hvalpe. Stoffet er netop designet til at berolige og trøste hvalpe.

Almindelige årsager til tristhed

Kedsomhed Ses ofte hos racer, der skal holdes beskæftiget og i gang, såsom terrier og collie. *Kur* Hold din hvalp beskæftiget og stimuler dens hjerne. Se "10 trin til lykken" på side 113.

Ængstelse Kan opstå i et hjem med flere hunde/kæledyr, overdreven afhængighed af dig eller frygt for høje lyde.
Kur Giv din hvalp et område, den kan trække sig tilbage til og føle sig sikker i. En DAP-spreder (se modsatte side) kan også være effektiv.

Endnu ikke kastreret Når din hvalp er kønsmoden, kan den blive ked af det og frustreret, hvis den ikke kan udføre det, der er naturligt for den, nemlig at parre sig og avle. Ukastrerede hunde har en tendens til at strejfe på udkig efter en mage, udvise seksuel adfærd og måske blive aggressive i ren frustration.
Kur Hvis du ikke har tænkt dig at avle på hvalpen, skal du få den kastreret/steriliseret (se side 126-129).

Omgivelser En lille selskabshund eller en hund, der elsker familieliv, bliver meget ulykkelig, hvis den bliver udelukket fra fællesskabet i længere tid, eller hvis den skal bo udenfor. Omvendt kan en langhåret race føle ubehag i et opvarmet hjem og foretrække at være ude.
Kur Vær omhyggelig, når du vælger race (se side 10-13). Begræns det tidsrum, din hvalp tilbringer alene.

Helbredstjek af hvalpen

Efterhånden som du lærer din hvalp at kende, lærer du også at se, om den er sund og rask eller apatisk og utilpas. Det er vigtigt at lægge mærke til, om den er frisk eller syg, så du kan bringe den til behandling hos dyrlægen om nødvendigt.

Tegn på sygdom

Det er bekymrende, når hvalpen ikke har det godt, men jo hurtigere du opdager det, desto bedre er dens chancer for snart at blive rask og glad igen. Tegn på sygdom er usædvanlig opførsel, ændret appetit eller adfærd, ulykkelig klagen, øget eller mindsket tørst, anspændt afføring eller urinering, opkast eller diarré. Læg mærke til, om din hvalp viser nogen af disse tegn, så du kan fortælle dyrlægen om det. Det vil fremme en hurtigere diagnose og den rette behandling.

En syg hvalp

Undertrykt, bange eller elendig forfatning; uklare eller våde øjne (pupiller, der er helt udspilede i stærkt lys, kan være et tegn på blindhed); snavsede, lugtende ører; skællet eller sårfyldt hud med tegn på angreb af parasitter; åbne sår; konstant kradsen (enten indikeret ved handlingen, eller ved at den har røde, betændte områder på huden); snavset omkring anus (med tegn på diarré); medfødt navlebrok (udposning midt på bugen); opsvulmet bug (kan være tegn på orm); beskidt og uglet eller trist og strittende pels; stive eller lammede bevægelser; konstant klagen.

En frisk hvalp

Vaks, nysgerrig adfærd; lysende, klare øjne; ren næse (en smule klar væde er normalt); skinnende, ren pels; ren, ubrudt hud uden skæl eller parasitter; rene ører, der ikke lugter (test hørelsen ved at frembringe en lyd uden for hundens synsfelt og se, om den reagerer): ren anus; ingen knuder eller buler (især ikke ved navlen); rene tænder og lyserøde gummer; normal kropsvægt; fladt mellemgulv (undtagen hvis den lige har spist); stille, jævn vejrtrækning; frie og lette bevægelser.

Hurtig diagnose

En hvalp, der lider af fordøjelsesbesvær, kan nemt blive dehydreret, da dens lille krop hurtigt taber væske og livsvigtigt salt og sukker (elektrolytter). Det er tvingende nødvendigt, at den bliver tilset af en dyrlæge inden for et par timer, hvis dens sygdomstilstand ikke er forbedret. Bliver dens tilstand værre inden for det første par timer, skal du konsultere dyrlægen tidligere.

LIVSVIGTIGE TEGN

Normaltemperatur	38,1-39,2°
Puls	62-130 slag i minuttet – jo mindre hvalpen er, desto hurtigere puls
Vejrtrækning	10-30 vejrtrækninger i minuttet – mindre hunde trækker vejret hurtigere

Skræmte hvalpe

Ligesom nogle mennesker er der hvalpe, som er mere sky og tilbage-
trukne end andre. De skal have tid til at vænne sig til et nyt hjem, før de
kommer ud af skallen. Men en af de bedste følelser i verden er at se din
sky dreng blomstre under din kærlige behandling.

Opfør dig normalt

Generelt vil en hvalp være nervøs, hvis den
ikke er blevet tilstrækkeligt socialiseret i en tid-
lig alder, og så er det skræmmende at bevæge
sig ind i et nyt hjem. Den har brug for tid til at
tilpasse sig. Giv den tid, men lad være med at
overdrive det – optræd normalt, så lærer den
snart, at der ikke kommer nogen stor, grim ork
og tager den.

Signaler til din nervøse hvalp, at du er afslap-
pet, for eksempel ved at gabe og blinke lang-

somt. Stir ikke på den, heller ikke selvom den
kigger på dig efter bekræftelse. Ignorer den,
hvis den viser ængstelse, og vær så rolig som
muligt, så du med dit kropssprog fortæller den,
at "alt er fint, der er ingen grund til bekymring."

Det er en god ide at tage din hvalp med til
socialiseringsundervisning så hurtigt som mu-
ligt (se side 98-99).

"Vær tapper"

Giv din hvalp en hule (se side 36-41) som et
"helle", den kan trække sig tilbage til. Lad den
komme til dig eller andre familiemedlemmer,
når den selv vil. Når den først har accepteret
dit hjem som et sikkert sted at være, og at
menneskene omkring den er venlige og kærli-
ge, vil den slappe af, begynde at nyde det og
opbygge tillid. Lokker du hvalpen hen til dig,
andre familiemedlemmer eller gæster med
lækre godbidder og dens yndlingslegetøj, vil
det medvirke til at bryde isen, opmuntre til
samspil og lære den, hvor dejlige mennesker
kan være.

Duftsucces

Anskaf en DAP-spreder (se side 118). Den kan afhjælpe angst og få din hvalp til at føle sig godt tilpas. Den kan berolige hvalpe, der er bange for høje lyde. Desensibiliserende cd'er (købes i dyrehandelen) kan også vænne din hvalp til lyde, der skræmmer den. Hvis den udviser ekstrem angst for høje lyde, skal du få dens hørelse undersøgt, hvis den skulle være overfølsom over for støj.

"Fald ned!"

Hvalpe er nogle spasmagere. Nogle er mere overvældende legesyge end andre. Faktisk kan din hvalp holde dig i gang så længe, at den stadig beder om mere, når du beder om nåde! Sådan finder du balancen.

Sjov og lege

Hvis din hvalp ikke får nok motion og leg, får dens instinkt den til selv at opsøge det. Desværre er det ikke sikkert, du sætter pris på dens anstrengelser: Det, som den finder sjovt og dejligt adspredende, er måske lige det, som du synes er uacceptabelt, destruktivt og dårlig opførsel.

Kend tegnene

Det er normalt for en hvalp at søge din opmærksomhed, men hvis den udvikler adfærd som at tygge i ting i hjemmet eller indimellem jagter sin egen hale, kan det være, fordi du ikke giver den nok motion og mental stimulering. Straf ikke den adfærd. I stedet skal du dagligt tilbringe mere kvalitetstid sammen med din hvalp. Motioner, leg med og giv din hvalp op-

mærksomhed og kanaliser på den måde dens energi over i en konstruktiv adfærd, som er til gavn for jer begge.

Hvis din hvalp begynder konstant at plage om opmærksomhed, ofte bliver overivrig (hyperaktiv) og udvikler tvangshandlinger som for eksempel igen og igen at jagte sin hale eller at vandre frem og tilbage, skal du konsultere dyrlægen.

Leg og lær

Det er ikke svært at udvikle en rutine for at undgå den adfærd. Sæt lidt tid af hver dag, hvor du leger med din hund. Nøglen er lidt, men ofte, så legene bliver ved med at være nye og spændende for jer begge. Slut altid legen af i god stemning, inden din hvalp bliver for op-

kørt. Du kan afveksle legen med små træningssessioner, som du gør udbytterige for hvalpen, så den ser frem til dem. Det er vejen til en meget mere tilfreds og lydig kammerat.

Sørg for hvalpens sikkerhed

Hvalpe elsker at udforske og finde nye ting. Korte gåture vil tilfredsstille denne lyst uden at overanstrenge dens umodne krop. Det kan også være sjovt at lege i haven – men undgå lege, der belaster dens knogler, såsom at hoppe og stæse efter legetøj, du kaster.

Hvis din hvalp virker træt, når I er ude at gå tur, så stop, så den kan hvile sig, inden I går videre. Forfald dog ikke til den vane at bære den hjem: Du kunne komme til at fortryde det senere!

I puberteten

Din dejlige lille plysbold vil uvægerligt blive voksen en dag, og det vil medføre visse ændringer i dens krop. Det er en hjælp at kende de forandringer og vide, hvornår de melder sig, så du er forberedt, når din hvalp kommer i puberteten.

At blive voksen

I almindelighed har din hvalp ved 20-24 uger (omkring 5 måneder gammel) en alder, der svarer til et tiårs barn. Små racer udvikler sig hurtigere end store racer, som er længere om at modnes på grund af deres størrelse (op til omkring 14 måneder gamle). Ved

denne alder begynder de hormonelle forandringer i hvalpens krop, mens den forbereder sig på at leve op til dens natur – selv at blive forælder.

Når hvalpen bliver kønsmoden, udviser den måske en adfærd, som du ikke finder velopdragen. Eksempler på det er: at bestige menneskers ben, forsøge at stikke af for at finde sig en mage, være aggressiv og duftmærke (nogle gange også inden døre).

Seks måneders cyklus

Når den kommer i puberteten, vil hun-hvalpen begynde at komme i løbetid (dette kendes som østrus eller brunst). Når hun gør det, skal du være forberedt på humørsvingninger, mærkelig adfærd og urinering eller afføring inden døre. Hun kan også forsøge at bestige andre hvalpe eller tøjdyr. Hun kommer i løbetid hver sjette måned, og den vil vare i 21 dage, hvor hun afgiver en blodig væske fra bagdelen (vulva).

Uønskede bejlere

Når hunnen kommer i løbetid, kan du se han-
hunde luske omkring uden for dit hus. Det skyl-
des, at hvalpens krop udskiller duftstoffer, der
kaldes pheromoner, og som markerer dens sek-
suelle tilstand. Det tiltrækker naturligvis hunde-
bejlere fra nær og fjern, og du får dit hyr med at
holde hende væk fra potentielle partnere.

Familieplanlægning

Mens hunnen er i løbetid, vil den kun lade sig
parre 10-14 dage inde i løbetiden, når det blo-
dige udflåd bliver klart. Det er det eneste sand-
synlige tidspunkt, hun vil undfange, hvis hun
bliver parret.

Der er både mulighed for tabletter og sprøj-
ter til prævention og til at undgå løbetid, men
der er helbredsmæssige ulemper ved begge be-
handlinger, og de er ikke 100 procent effektive.
Hanner kan få et anti-testosteron-middel, men
igen er det ikke altid effektivt. Kastration ved
operation (se side 128-129) er fortsat den sikre-
ste metode til at undgå uønsket opførsel og gra-
viditeter.

Neutralisering

Medmindre du ved, at du vil avle på hvalpen, kan du forebygge mange af de problemer, der kan opstå, når hvalpen bliver kønsmoden, ved at få den neutraliseret tidligt. Det er en myte, at voksende hvalpe har gavn af at reproducere: Hvad den ikke kender, vil den ikke savne.

Utilfredshed ved avling

Når de når puberteten, er ukastrerede hvalpe stressede, aggressive og frustrerede og med konstant lyst til at strejfe. De vil være udsat for visse lidelser (se nedenfor). Desuden bliver din hvalp ikke det mindste gladere, selvom du lader hannen parre sig eller hunnen få hvalpe.

Normalt bliver hanner og hunner neutraliseret omkring 8-måneders-alderen.

Fordele ved neutralisering

Hanner

Fjerner seksualtrangen og risikoen for, at den strejfer.

Visse former for aggression reduceres.

Reducerer risikoen for hormonrelaterede lidelser og anal- og mellemkødskræft.

Fjerner risikoen for testikelkræft.

Reducerer mærkbart risikoen for problemer med blærehalskirtlen (prostata).

Hunner

Forebygger uønskede graviditeter.

Fjerner alle problemer forbundet med hendes løbetid – ikke mindst svineriet!

Afværger trangen til at søge en mage.

Uønsket opmærksomhed fra hanhunde er ikke længere et problem.

Der er nedsat risiko for kræft i bryst, livmoder og æggestokke. Neutraliseringen forebygger også infektioner i livmoderen.

STERILISATION (TÆVER)

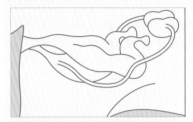

Før sterilisation: Hunnens reproduktive system: med ovarier, æggeledere og livmoder (uterus).

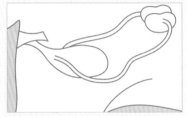

Efter sterilisation: Ovarierne, æggelederne og livmoderen er fjernet.

KASTRATION (HANHUNDE)

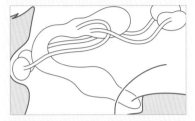

Før kastration: To testikler er forbundet med penis via sædlederne (vas deferens).

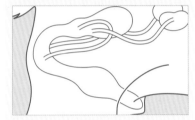

Efter kastration: testiklerne og en del af sædlederne er blevet fjernet.

Hvad indebærer neutralisering?

Hanhunde bliver kastreret: Begge testikler og en del af sædlederne fjernes. Hunhunde (tæver) bliver steriliseret: ovarierne, æggelederne og livmoderen fjernes. Operationen udføres under narkose, og åbningen sys med sting. Er stingene ikke selvopløselige, fjernes de efter 10-14 dage. De fleste hvalpe kommer hjem samme dag. Skulle der forekomme ubehag, som regel minimalt, medicineres der mod det.

Efter neutralisering

Hav hunden i snor på gåture i to uger efter operationen for at minimere voldsomhed, som kan hindre helingen. Hold tæver i ro i endnu et par uger, før den genoptager leg for fuld kraft. Hanner skulle klare sig fint efter to uger.

Du vil næppe lægge mærke til nogen ændring i personligheden, omend dens opførsel normalt vil blive roligere og mere pålidelig.

Kropssprog

Du burde nu have en klar ide om, hvad din hun siger til dig ud fra måden, den bevæger sig, kigger, opfører sig og lyder. Det er, som om du og din ven får åbnet døren til en helt ny verden, og det gør samlivet nemmere.

Hvalpeposering

Her har vi afbildet nogle typiske adfærdstræk og handlinger, som din hvalp kan vise. Fulgt af forklaringer på, hvad de betyder.

På siden

Hvalpen lægger hovedet på skrå for at indstille ørerne, så den mere præcist kan bestemme retningen og kilden til lyden.

High five

Mange hvalpe lærer, at den sikre vej til en god-bid går gennem at løfte poten eller røre ved en person med poten eller snuden. Hvalpen løfter sit hoved og fokuserer på det, den gerne vil have, mens den udstråler selvtillid og beslut-somhed. Omvendt er en hvalp, der løfter sin pote, men har sænket hovedet (for at sige at tænderne ikke kommer i brug), i færd med at underkaste sig.

Frygt

Denne unge schæfer er bange. Hvis en hvalp almindeligvis indtager denne holdning, har den brug for en god portion opbygning af selvtilliden for at gøre den følelsesmæssigt mere stabil og i stand til at nyde livet. Nogle hunde, også schæfere, er særligt følsomme

tilfredsstille dem og passe på dem, hjælper du den til at føle sig tryg og i sikkerhed, og den bliver en gladere hund.

Bunden i vejret

Når hvalpen ruller om på ryggen, blotter sin mave og gør sig selv sårbar, viser den, at den accepterer et individ med højere rang, uanset om det er et menneske eller et dyr. Denne strategiske position virker godt, når hvalpen skal klare sig ud af en situation, som den ellers ville blive straffet for: Når alt kommer til alt, hvordan kan du så blive vred på sådan en sød lille en?

over for deres ejeres handlinger, stemmeføring, følelser og humør, og løftede stemmer. Følelsesmæssig forstyrrelse kan gøre dem angste, skræmte og tilbageholdende. Ved at mærke din hvalps følelsesmæssige behov og

En anden hund vil måske tænke: "Ha, sådan en blødbold. Den er ikke værd at beskæftige sig med, for den er ikke en trussel mod mig!"

Takt og tone i hjemmet

"Opfør dig ordentligt!"

Mens din hvalp er lille, er du parat til at tilgive den alt, fordi den er så kær. Ikke desto mindre må du beslutte, ikke at lade den bestemme det hele i huset, ellers ender det med, at den nådesløst dominerer dig og dine gæster!

"Mit, det hele er mit!"

En sød og blød hvalp, der spiller stor styg ulv og forsøger at være skræmmende, er virkelig sjov – men når den bliver voksen og viser den adfærd, er det knap så sjovt, når du vil tage et stykke legetøj fra den eller nærme dig dens madskål, mens den spiser.

Så beslut dig for at tage problemerne i opløbet, mens hvalpen er lille. Lad den vide fra første dag, at den skal lade dig tage dens legetøj uden at protestere, og at det er godt at have mennesker omkring sig, mens den spiser. Gør det ved at give den godbidder efterfulgt af opmærksomhed, når den afgiver et stykke legetøj, og ved at lægge ekstra godbidder i dens madskål, mens den spiser (se side 72-73).

Velkommen til gæster

Mens det er vigtigt ikke at lade din hvalp byde gæster velkommen ved at hoppe op ad dem og plage dem om opmærksomhed, så er det lige så vigtigt, at gæster ikke ødelægger din gode træning (se side 142-143 og 146-147) ved at opmuntre den til at gøre de uønskede handlinger og invitere den til voldsom leg.

Fortæl høfligt dine gæster, hvordan du ønsker, de skal opføre sig over for hvalpen. Gør det klart, at voldsom leg er forbudt og forklar hvorfor. Hvis de ikke retter sig efter det, er det bedst at fjerne hvalpen fra rummet. Sæt den hen et andet sted med et stykke aktivitetslegetøj, som for eksempel en fyldt Buster Cube, et tomt marvben eller legetøjet en Kong (se nedenfor). Så er den lykkeligt beskæftiget, indtil gæsterne er gået.

Fyld legetøjet!

Fyldt Kong legetøj er fantastisk tidsfordriv, som vil holde din hvalp godt beskæftiget og stille i timevis, mens du får tid til andre ting. Fyld Kong'en med usaltet smelteost, kogt usaltet lever, torskerogn eller hundefoder fra dåse.

Alene hjemme

Selvom du ønsker at tilbringe hvert eneste vågne øjeblik sammen med din søde hvalp, må du forberede den på, at den kan blive ladt alene. Du skal også selv vænne dig til det. Det vil måske skære i hjertet, når du skal forlade den, men tænk blot på den lykkelige genforening.

Gør det let

Det er helt afgørende, at du vænner dit lille kæledyr til at være alene hjemme i perioder, for der vil uundgåeligt være tidspunkter, hvor du er nødt til at lade den være alene hjemme. Men det er muligt at gøre det lettere for den og for dig selv.

Helt fra begyndelsen skal du lade din hvalp være alene i et lukket hvalpesikret rum kort tid ad gangen. Begynd med et par minutter og byg det langsomt op til længere perioder. Tag hensyn til dens behov for at besørge. Gør ikke et stort nummer ud af, at du skal af sted, eller når du kommer tilbage. Sigt efter at gøre dette til et helt normalt indslag i dens dag, så vil den have det godt med at være alene, når det er nødvendigt. For eksempel når du skal på arbejde.

Gode tips

Lad radioen spille lavt, mens hvalpen er alene hjemme. Det er behageligt for den med noget baggrundsstøj.

Hvis du ved, du skal være væk fra hjemmet i længere tid, end din hvalp er vant til, skal du sørge for at én, den kender og kan lide, kommer forbi og tager den med ud at besørge og giver den opmærksomhed.

Lad din hvalp have en fyldt Kong (se side 134) så den har noget konstruktivt – og ikke destruktivt – at lave, mens du er ude.

Væn din hvalp til hundepensioner eller at være hos en hundepasser (se side 102-103), så du har et alternativ, når du skal være væk fra den i en periode.

En selvstændig hvalp

Hvis din hvalp skal forblive tilfreds både mentalt og fysisk, er det ikke nogen god ide at lade den være alene hjemme i timevis, mens du og din familie er ude at føjte. Hvis du er nødt til at være væk hele dagen, må du finde en løsning på problemet. Nogle ejere ansætter en hundepasser eller en hundelufter, som kommer forbi i løbet af dagen og går tur og leger med hvalpen. Hvis du er så heldig, at naboerne gerne stiller op, hvorfor så ikke bede dem kigge ind til hvalpen? Andre ejere sætter deres hvalpe af i en hundekennel eller hos hundepassere på vej til arbejde og henter dem på vejen hjem.

Kedsomhed og narrestreger

Hunde er meget intelligente. Derfor må du sørge for, at dens hjerne bliver stimuleret, så den ikke finder på at gøre noget, som du sikkert ikke vil sætte pris på. Brugshunde og terriere er særligt tilbøjelige til selv at finde på noget at underholde sig med, hvis de overlades til sig selv for længe.

"Lad mig underholde dig"

Samtidig med at du ikke ønsker at køre din hvalp for træt med alt for megen mental og fysisk træning, er det lige så skidt med for lidt. Der er masser af måder, du kan stimulere din hvalp på mentalt, som ikke kræver en kæmpe tidsmæssig indsats fra din side. Et par minutter om dagen gør en kæmpe forskel for din hvalps fremtid. Det handler om at tilbyde variation og mentale udfordringer, som den kan håndtere fysisk og vil nyde aktivt. Din belønning bliver en hvalp, der er gladere og en fornøjelse at eje. Hvis den er tilfreds, vil du også være det.

10 VEJE TIL EN GLAD HVALP

1 Gåture og træning skal passe til din hvalps evner. Øg dem gradvist, efterhånden som den vokser. En træt hvalp er sur og ked af det!

2 Giv hvalpens legetøj navne og lad den lære dem. Lav en leg, hvor du beder den hente dem til dig ét ad gangen (se side 82-83).

3 Brug interaktivt legetøj, som er fyldt med mad og afgiver godbidder, når den leger med dem.

4 Gem godbidder og legetøj rundt omkring i huset og haven (hvor din hvalp nemt kan komme til dem) og lad den finde dem.

5 Giv din hvalp "beskæftigelsesterapi" i form af forskelligt legetøj med forskellige former, farver og materialer.

6 Lad et eller to stykker legetøj være "særlig belønning" og brug dem som belønning for god opførsel.

7 Papkasser og brugte (rene) kraftige plastflasker er godt legetøj til en hvalp. Gem godbidder i kassen, så den kan fornøje sig med at finde, lege med og æde dem. Undgå kasser med mange farver, hvor trykket kan være giftigt. Fjern skruelåg, som den nemt kan sluge.

8 Byg en sandkasse, som din hvalp kan grave i.

9 Daglig pelspleje vil holde den smuk og glad.

10 Fortæl din hvalp, hvor skøn den er!

Døre og døråbninger

Det kan være lidt besværligt, hvis du skal træde hen over en hvalp, der har lagt sig i døråbningen eller der, hvor du skal gå. Hvis du vil lære den at flytte sig, når du vil have det, får du her en nem og effektiv metode, som bygger på kommandoer, den allerede kender.

Vejen er fri

Hvis din hvalp ikke allerede står eller ligger i døråbningen, skal du sørge for, at den ikke kommer til det. Når du rejser dig fra en stol, giver du hvalpen kommandoen "bliv!", som fortæller den, hvad den skal (se side 74-75). Få den ikke til at begå fejl ved at lade den blive der for længe. Hvis den ikke bliver, må du aldrig skælde den ud – sæt den blot tilbage og prøv igen. Beløn den altid, når den gør det godt.

Hvis din hvalp allerede ligger eller står i døråbningen, skal du ikke gå hen over eller uden om den. I stedet beder du den flytte sig med kommandoen "kurv!" (se side 80-81).

"Luk døren!"

Det er meget praktisk at lære hvalpen at lukke døren efter sig, når den lige har mast sig ind i rummet. Jo mindre den er, desto sværere vil det være for den at udføre tricket – så det er som regel bedst at vente, til den er lidt større og stærk nok til at gøre forsøget.

SÅDAN LÆRER DU DIN HVALP AT LUKKE DØREN

1 Lær hvalpen at røre ved et mål med snuden. Brug låget fra en plasticboks som mål. Vis målet til hvalpen og beløn den, når den rører ved det. Når hvalpen løber hen for at røre ved målet, du viser frem, skal du holde det op mod døren i højde med dens snude og belønne den for at røre ved det. Giv kommandoen "luk dør!" idet du placerer målet, den skal røre ved.

2 Gå videre ved at lade døren være lidt på klem, inden du viser målet og giver stemmekommandoen. Få den til at løbe hen mod målet, så den trykker døren i med sin snude. Beløn den med en rigtig lækker godbid og masser af ros. Lad døren stå mere og mere åben for hver gang, så din hvalp skal trykke hårdere for at lukke den, indtil den lærer at gøre det ved kommandoen alene. Beløn den altid godt, når det lykkes for den.

Dørtræning

Udforskende, fuld af sjov og ivrig efter at byde gæster velkommen eller at komme ud at gå; hvalpen lærer snart at sætte kurs mod døren, hvis den fornemmer, at der er underholdning i farvandet. Lær din hvalp at være tålmodig, ikke anmassende.

Tålmodighed

En hvalp, der maser sig forbi dig og styrter mod døren, så snart der er besøg, vil snart udvikle sig til en plage. Dens adfærd kan forårsage en ulykke, hvis du falder over den, men endnu værre er det, at den kan afskrække folk fra at komme på besøg, hvis de ved, at der er stor sandsynlighed for, at hvalpen vil hoppe op og ned ad dem, så snart de kommer inden døre.

Brug belønningsskål teknikken (se side 80-81), hver gang der er nogen ved døren. Din hvalp lærer snart, at den får mere ud af at gå hen på sin plads, når det ringer på døren, end ved at styrte hen til døren for at møde dem. Efterhånden bliver denne reaktion automatisk, og du skal kun bruge godbidder indimellem – resten af tiden vil din ros være tilstrækkelig.

SÅDAN LÆRER DU HVALPEN AT HILSE PÅ GÆSTER

1 Inden du lærer hvalpen manerer ved døren, må den først lære at sætte sig og blive på kommando (se side 70-75). Få så en person til at hjælpe dig med at dørtræne hvalpen. Når "gæsten" er ved døren, siger du "sit!" og "bliv!" til den, inden du lukker op.

2 Byd gæsten velkommen og bed ham ignorere hvalpen, indtil du kalder på den. I første omgang skal du ikke vente for længe, for hvis den ikke bliver, kan det være et tilbageskridt for træningen. Hvis den nærmer sig uden tilladelse, skal du ikke skælde den ud – ignorer den, indtil den falder til ro og genetabler så "sit-bliv".

3 Lad din gæst hilse på hvalpen, mens den er i "sit-bliv". Beløn den derefter. Men ignorer den, hvis den springer frem eller hopper op. Når gæsten har hilst på den, kan du enten lade den blive hos jer eller bede den lægge sig stille. Hold den beskæftiget med et aktivitetslegetøj. Med konstant gennemførelse af øvelsen, lærer hvalpen snart, at det ikke betaler sig at styrte mod døren, mens den får lov at hygge sig med gæsterne, hvis den lader være.

"Plag ikke!"

Din legesyge ven er lærenem. Den finder snart ud af, at det kun kan betyde én ting, når du tager dens snor frem – en elsket gåtur! Uanset hvor meget den glæder sig til at udforske verden udenfor, skal den lære, at den aldrig kommer til at stå først i køen.

Hvem går med hvem?

Først og fremmest skal du lære din hvalp at følge kommandoerne "sit" og "bliv" (se side 70-75), inden du giver den snoren på. Beløn den altid for at adlyde, i begyndelsen med godbidder, siden med ros alene. Sådan vænner du den til at vente på, at du går først ud ad døren, i stedet for at det er den, der går tur med dig.

Det kan dog ske, at en særligt selvsikker og foretagsom hvalp tager initiativet og insisterer på at skubbe sig forbi dig for at komme først hen til døren. Sker det, må du tage affære, så den lærer, at den ikke kommer nogen vegne med dens frembrusende adfærd, mens en høflig hvalp nok skal komme frem. Næste skridt er at lære en anmassende hvalp at vente, mens du åbner døren, for derefter at opfordre den til at følge med.

Lær din hvalp ikke at skubbe

Giv hvalpen snor på og stå ved døren. Bed den sætte sig og blive, mens du åbner døren en lille smule. Hvis den bliver, belønner du den. Åbn så døren mere og få den til at følge efter med en "her!"-kommando. Hvis den ikke bliver på plads, men maser sig forbi dig, sætter du den blot tilbage, hvor den startede. Bed den sætte sig og blive og gentag fremgangsmåden.

Gør øvelsen nogle gange, indtil din hvalp opgiver sine udbrudsforsøg og bliver siddende, mens den holder øje med, hvad du nu finder på. Det er et tegn på, at den har lært, at den ikke kommer nogen vegne med at mase sig forbi dig – heller ikke ud at gå tur.

Beløn god opførsel

Bed nu hvalpen sætte sig og blive, mens du åbner døren. Når den bliver, belønner du den overstrømmende. Nu har den lært, at det bedre betaler sig at vente end at skubbe sig forbi dig. Nu kan du sige "her!" til den, og I er snart på vej ud at nyde en velfortjent gåtur.

"Hop ikke op!"

Din hvalp elsker dig, og du elsker den, men den skal vide, at du foretrækker, at den har alle fire ben plantet på jorden, når den skal hilse på dig. Og at den ikke får opmærksomhed ved at hoppe op og ned.

I fjæset på dig

I naturen er det hundens instinkt at byde flokmedlemmer velkommen tilbage ved at snuse til og slikke deres mund for at få dem til at gylpe op eller tabe mad. Da munden er et lønsomt sted på kroppen, vil hvalpen hoppe op ad dig for at nå den. Du må lære din lille ven, at det ikke er god opførsel i menneskenes verden.

En lille hvalp, der hopper op i dine arme, er bedårende, men forestil dig lige, hvad du skal stille op, hvis en voksen hund gør det samme! Det kan godt være, at du ikke har noget imod, at den nærmest slår dig omkuld med to store poter plantet på dine skuldre, men forestil dig lige, hvor farlig den kunne være for andre mennesker, hvis den tillægger sig den vane. Især børn, svagelige og ældre mennesker, der er ude at gå tur, eller gæster på besøg.

Grundregler

Vær insisterende og tålmodig, så skal hvalpen nemt få lært at holde poterne for sig selv. Det er lettere, hvis du beder nogen om at hjælpe

dig. Hopper hvalpen op ad nogen, skal de ikke skælde ud, men i stedet give den "sit!"-kommandoen (se side 70-71). Hvis den sætter sig, men derefter straks hopper op igen, skal du bede personen gentage kommandoen. Når din hvalp ikke længere forsøger at hoppe op, skal personen belønne den med masser af ros. Den har nu lært, at den ikke kommer nogen vegne med at hoppe op, mens den får masser af ros og opmærksomhed, hvis den lader være.

Gør denne øvelse hjemme og ude på gåtu-ren, når der kommer nogen hen til hvalpen, indtil din hvalp ikke længere forsøger at få deres opmærksomhed eller hopper op ad dem. Mange mennesker, især børn, elsker at sige hej til den søde lille hvalp, når den er ude at gå, men det er meget vigtigt, at du beder dem vente, til den har sat sig og stille venter på opmærksomhed. Sørg også for, at gæster kender og følger reglerne for opmærksomhed til hvalpen. Fortæl dem præcist, hvad de skal gøre, hvis den hopper op ad dem.

"Ned fra møblerne!"

Bløde stole er behagelige og du sidder i dem, så din hvalp finder måske ud af, at den gerne vil lægge sig til rette ved din side. Men du må modstå de babybrune øjne, der beder om at få lov at putte sig i dit skød, hvis du ikke vil have din sofagruppe dækket til af hundehår.

hvis du tillader dette privilegium, mens den er lille, vil den som voksen betragte det som sin ret at komme op i møblerne, når det passer den. Den vil måske oven i købet modsætte sig, hvis du forsøger at flytte den. Det er før set, at en ejer må sidde på gulvet, mens hunden troner på sofaen, fordi de ikke tør få den ned.

Kun ved opfordring

Hvis du vil have hunden siddende i skødet eller ved din side, men kun når du vil have det, må du gøre reglerne meget klare ved at lære den, at den kun må sidde i møblerne, når du er der selv og opfordrer den. Det er vigtigt, at det ikke kun er dig, men alle familiemedlemmer og besøgende, der håndhæver reglerne. Ellers bliver din hvalp forvirret over, hvad den må og ikke må. Hvis du ikke vil have hunden på dit knæ, mens du sidder ned, og den nærmer sig med det i tankerne, siger du "nej!" meget fast og holder øje med, at den adlyder. Beløn den for den korrekte opførsel.

I det varme sæde

Hvis du foretrækker, at hvalpen ikke sidder i dine møbler, skal du danne præcedens meget tidligt og aldrig nogensinde lade den prøve det overhovedet. Det er utvivlsomt en sød lille fyr og – især hvis det er en hvalp fra et hundeinternat – du føler måske, at den fortjener særlige privilegier, mens den er så lille. Men

Uselskabelig klatrer

Hvis din hvalp hopper op i møblerne uden at være opfordret, løfter du den ned, mens du samtidig siger "ned!". Sæt den beslutsomt på gulvet eller i dens kurv. Når den bliver der, skal du give den en belønning og fortælle den, at den er en god dreng. Hvalpen lærer nu, at det ikke betaler sig at klatre op i møblerne, mens det er meget mere behageligt at blive nede. Hvis den frækt insisterer på at hoppe op i stole og andre møbler, mens du er ude af rummet, må du vænne dig til at lægge den hindringer i vejen, så den ikke gør det.

Gøen og bjæffen

Hvalpe gør af mange forskellige grunde. Fra små bjæf til store rungende Vov! afhængig af deres størrelse og race. Desværre er der nogle, der elsker at høre lyden af deres egen stemme så meget, at det kan drive dig, og sikkert også naboerne, til vanvid.

Gøtræning

Enhver hvalp gør for at advare flokken (mennesker eller dyr) og for at skræmme truslen væk. Med træning kan din hvalp imidlertid lære, ikke at gø på upassende tidspunkter eller i længere tid ad gangen.

Husk, at det ikke nytter noget blot at bede din hvalp tie stille, fordi den ikke har noget incitament til at adlyde. Faktisk lærer du den, at det betaler sig at gø, fordi du giver den opmærksomhed – og i dens hoved er selv det at blive skældt ud bedre end slet ingen opmærksomhed.

Venner, ikke fjender

Din hvalp betragter jeres hjem og have som flokkens territorium. Selvom du ønsker, at den skal advare mod ubudne gæster, kan det være en sand plage, hvis den gør ad enhver, der kommer hen til døren eller går forbi huset.

Hvis du lader din hvalp møde eventuelle mælke- eller postbude, som jævnligt kommer forbi, vil den lære, at de er venner, ikke fjender. Det er en god ide at få dem til at hilse på hvalpen og give den godbidder. Og det kan forebygge eller løse problemet.

Det er samtidig vigtigt, at du fra første dag får lært hvalpen, at den ikke skal skabe sig ved lyden af dørklokken eller bank på døren. På samme måde som ved dens hoppen op, skal du ignorere den, når den gør, og belønne den, når den tier.

Vedholdende gøen

Hvalpe skal lære, at det ikke beta-
ler sig at gø ad alt og alle. Når den
gør, tager du den med ud af rummet
eller inden døre og ignorerer den totalt. Når
den tier stille, giver du den opmærksomhed
eller en godbid og lader den komme til stede
igen. Den vil snart lære, at det er knap så be-
lønnende at lave røre som at tie stille. Hold
den, hvor den ikke kan se de forbipasserende,
og ude af haven, når der er flest fodgængere.

At tygge i ting

Din nysgerrige hvalp elsker at tygge i ting: det hører med til dens op-
vækst. Når den sætter tænderne i ting, er det både for at undersøge
dem, og fordi det hjælper, mens dens tænder vokser ud. Det er fint nok
– så længe den kun tygger i ting, den har fået lov til!

Forebyggelse

En hvalp, der tygger i ting, den ikke burde, kan
snart få ødelagt dit hjem. Så du må lære den,
hvad den må tygge i, og hvad den ikke må.
Indtil den lærer, at dine ting ikke står på me-
nuen, må du aldrig lade ting ligge og flyde,
hvis du ikke vil have dem ødelagt. Det er en
stor fornøjelse for hvalpen at tygge, især hvis
den keder sig. Den bedste metode til at be-
vare hjemmet intakt er at holde hunden be-
skæftiget og stimuleret på en god måde (se
side 138-139).

Passer til formålet

Det er en nydelse for hvalpen at tygge, så til-
byd den alternativer til de ting, du ikke ønsker,
at den skal tygge i. Alternativerne er lige så
dejlige for den og mere acceptable for dig. På
denne måde lærer den, at den kun må tygge i
de ting, som du giver den til formålet. Gamle
sko og sutsko egner sig ikke, for så vil den
tro, at der er frit slag med alt fodtøj, gammelt
som nyt.

nødvendigt må du understrege, at visse genstande (såsom sko) ikke er rare for den at tygge i ved at påføre en ugiftig tyg-ikke-væske. Denne væske smager så forfærdeligt, at din hvalp betakker sig for at forsøge igen og i stedet daffer hen for at finde et stykke legetøj, der er meget bedre at få i munden.

I stedet skal du give den tyggelegetøj og spiselige tyggeting, som du køber i dyrehandelen. Når de begynder at gå i stykker, skal du skifte dem ud, så den ikke sluger smådele, den kan blive syg og få forstoppelse af.

Smagsprøven

Hvis din hvalp allerede er gået i gang med sin egen version af "forbedringer i hjemmet" skal du sætte den hen et sted, hvor den ikke kan gøre skade, når du ikke kan holde øje med den. Hold den beskæftiget med tygge- og aktivitetslegetøj som for eksempel en fyldt Kong (se side 134-135) og et stykke tov. Når du lærer den at tygge i disse ting, vil den glemme bordben og andre uacceptable genstande. Om

Problematisk adfærd

Fra tid til anden kan din hvalp udvise en adfærd, som du ser som et problem. I stedet for at skælde den ud eller straffe den, er det meget bedre at klare situationerne med positiv træning. Få den i stedet til at udføre en handling, du ønsker.

Vedholdende og positiv

Der er ikke tvivl om, at du får lyst til at forkæle din hvalp, "for den er jo så lille" og naturligvis ekstremt sød. Men i det lange løb gør du den ikke en tjeneste ved at opfordre til adfærd – såsom at hoppe op i begejstring, hver gang du viser dig – som du senere vil have den til at holde op med. Mangel på konsekvens vil forvirre den og ødelægge tillidsforholdet mellem jer. Den samme virkning vil straf og negative træningsmetoder have. Brug i stedet positive træningsmetoder, så du opmuntrer den til at se dig som en kilde til sikkerhed og nydelse.

Undvigende handling

Så hvordan kan du bruge positiv opmuntring til at forhindre, at problematisk adfærd overhovedet opstår?

Lad os sige, at du gerne vil undgå, at din hvalp styrter forbi dig hen til hoveddøren, når det ringer på, fordi det fører til, at den hopper op ad gæsten, så snart døren åbner. Få først en person til at melde sig til at hjælpe. Denne ringer på døren. I stedet for at give hvalpen muligheden, giver du den kommandoen "kurv!" (se side 80-81), som den allerede kender og kan udføre. Beløn den altid, når den har gjort det godt.

Efter nogen øvelse, skulle din hvalp have lært at forbinde lyden af dørklokken med kommandoen "kurv!". Du vil så kun behøve at bruge kommandoen, når den glemmer det.

At løse problemer

Positive metoder kan også bruges til at løse problematiske situationer, hvis de opstår. Hopper hvalpen op ad dig eller en anden person, giver du den kommandoen "sit!" i stedet. Når den sidder, belønner du den med et af dens yndlingslegetøj. Dette vil både aflede den fra den oprindelige ide med at hoppe op, og på længere sigt vil det træne den til helt at droppe den uønskede handling. Og således bliver I begge glade!

Tiggeri

Det er ret generende at have et par øjne, der borer sig ind i din nakke, mens du nyder et måltid mad. Så lad ikke din hvalp jagte dig for at få en luns fra bordet. Den ville jo heller ikke sætte pris på, at du huggede mad fra dens tallerken.

Glad for rester

Det er både en dårlig vane at tigge om mad, når mennesker spiser, og det kan føre til kræsenhed (se side 158-159). Så det er ikke en adfærd, du har lyst til at fremme. Hvis du vil give den passende madrester efter måltidet (undgå krydret mad og fjerkræ/små ben), skal du komme dem i dens madskål som en del af dens daglige ration frem for at fodre den med hånden.

At afstå fra tiggeri

Hvalpe er naturligt ådselædere, så er der noget mad i nærheden, vil den stå først i køen. Medmindre du lærer den noget andet. Der er flere ting, du kan gøre, når hunden skal lære ikke at tigge.

Sæt hvalpen uden for rummet eller i sin transportkasse, når du tilbereder og spiser mad. Du kunne sætte et babygitter op, så den ikke kan komme ud i køkkenet/spisestuen. På den måde kan den ikke komme hen til bordet, men kan fortsat følge med i, hvad, der foregår, og vil ikke føle sig lukket ude. Du kan også holde den beskæftiget ved at give den mad, et aktivitetslegetøj fyldt med mad eller en tyggeting, den kan lege med.

Beslut dig for ikke at give efter for hvalpens bedende udtryk og sørgmodige øjne. I stedet skal du få den væk fra spiseområdet eller, hvis den er trænet til det, bede den gå væk og lægge sig roligt ned (se side 80-81).

Når din hvalp har lært at gå, når den bliver sendt væk for at lægge sig og blive der, skal du gøre det, hver eneste gang du, familien og gæster sætter jer til at spise. Sørg for, at alle i husholdningen kender og følger reglen om, at hvalpen ikke må få lunser fra menneskenes mad, da det vil opmuntre den til at tigge.

Kræsenhed

Din hvalp spiser sikkert hvad som helst, du sætter foran den, da den altid er på udkig efter mad, der kan tilfredsstille dens hurtigt voksende krops konstante behov for næring. Men hvad hvis din ven rynker på næsen ad sin mad, når den bliver ældre?

Undgå menneskemad

Hvalpe, der får menneskemad, synes at foretrække det frem for alt andet. Det er, fordi hunde pr. instinkt er ådselædere, men også fordi det er det, deres familie spiser. Men det kan være farligt, fordi menneskemad bl.a. ofte indeholder for meget salt og for lidt protein. Det, der kan forekomme at være kræsenhed, går ofte hånd i hånd med en hvalp, der får lunser ved bordet. Hvis den får rester ved bordet, andre lunser og masser af godbidder ved siden af den daglige madration, er dens appetit måske ikke så stor, og så vil den vælge den mere smagfulde menneskemad frem for sin daglige hundemad.

Hunde spiser med næsen. Tilsæt lidt lunkent vand til hundens tørfoder. Så udløses duftstofferne i foderet – og hvalpen vil elske det. Tilsæt evt. lidt sovs, kogt lever eller lignende.

Syg hvalp?

I sjældne tilfælde kan kræsenhed være tegn på uopdaget sygdom. Hvis din hvalp pludselig nægter at spise, og den ikke får et tilskud af rester eller for mange godbidder, som kan forklare dens ændrede adfærd, kan den have udviklet en allergi over for den type foder, den får, især hvis den har nogle af disse symptomer:

Diarré
Opkast
Hudlidelser
Kløen
Dårlig pels
Hurtigt vægttab

Kløen ved dens mund eller for meget savl kan være tegn på tandproblemer. Hvis der er mistanke om en lidelse, skal dyrlægen undersøge hvalpen. Finder lægen ikke noget galt, kan du prøve at skifte fodertype.

Hold den frisk

Hundemad kan blive for gammelt, uanset om det er tørt, halvvådt eller vådt. Følg opbevaringsanvisningen og bedst-før-datoen.

Ren livsstil

Sammen med glæden ved at have hvalpen i dit liv kommer de uundgåelige hår, den taber, våde slik, dynger af afføring, pytter af urin og mudrede poter. Det er afgørende for hvalpens og familiens trivsel og sundhed, at du overholder nogle hygiejneregler, for at holde hjemmet rent og ryddeligt.

Hvalpekys

Hunde slikker hinanden, når de mødes, mens hvalpe har en tendens til at slikke som tegn på underkastelse over for ældre hunde og for menneskene i deres liv. Hvalpe slikker også mennesker for at hilse. Det er op til dig, om du

vil lade din hvalp slikke dig, men det er ikke særligt hygiejnisk og kan overføre bakterier – især hvis du lader den slikke dig i ansigtet.

Pelspleje

Daglig børstning (se side 162-163) især for racer med tyk pels, vil give mindre håraffald på gulvet, i møblerne og på blødt inventar. Få kontrol over de irriterende parasitter ved at støvsuge gulvtæpper, gardiner og andet blødt inventar regelmæssigt, samtidig med at du jævnligt giver din hvalp en loppekur (se side 28-29). Skulle der komme et loppeangreb, får du sandsynligvis brug for at sprøjte hjemmet for at komme af med dem.

Bæ og pytter

Brug gummihandsker, når du gør rent efter hvalpens uheld rundt omkring i hjemmet med køkkenrulle og en hømhøm-skovl. Vask derefter området med en pletfjerner, som ikke indeholder ammoniak (en bestanddel i urin) så den ikke bliver tiltrukket af det samme område igen for at besørge.

Fjern afføring fra haven hver dag og skaf det sikkert af vejen, enten i et hundetoilet (kan købes i dyrehandelen) eller med husholdningsaffaldet (tjek med de lokale myndigheder). Det er vigtigt at gøre det snavsede rent, så det ikke bliver spredt rundt i huset og for at undgå spredning af bakterier og parasitter.

Giv jævnligt din hvalp en ormekur (se side 28-29), og vær omhyggelig med at holde haven fri for afføring. Det sker ikke ofte, men mennesker kan blive smittet med spolorm fra hunde, hvis de indtager æg fra toxocara canis (spolorm).

Vask altid hænder, hvis din hvalp slikker dig, efter du har rørt ved den, og hver gang du har gjort rent efter den.

Våde poter

Når I kommer tilbage efter en våd gåtur, skal du tørre hvalpens poter og pels med et gammelt håndklæde, så du undgår mudrede poteaftryk på gulvet, og at møblerne får brusebad, når den ryster sig tør.

Børstning

Din hvalp skal holde af at blive børstet, for det er en oplagt mulighed for at knytte bånd og tilbringe tid sammen. Nogle racer har brug for mere opmærksomhed end andre, men alle vil have glæde af at blive forkælet med en omgang en eller to gange om ugen.

Nødvendigt udstyr

Din hvalps avler kan rådgive dig om, hvilke børster og kamme, du skal købe, for at den skal tage sig bedst ud. Du kan enten børste din hvalp på gulvet, afhængigt af dens størrelse, eller på et kraftigt bord for at gøre det nemmere for dig. Det er en god ide at lægge en gummimåtte under, så du har et sikkert underlag. Det er også en hjælp at få nogen til at hjælpe, indtil hvalpen vænner sig til at blive siddende. Lad aldrig hvalpen sidde alene på et bord – den kunne hoppe eller falde ned og komme til skade.

Du kan købe videoer og bøger, som viser, hvordan du bedst plejer forskellige racer. Find dem i dyrehandelen eller gennem annoncer i hundemagasiner.

Skønhedsritual

Det afhænger af hvalpens pelstype, hvor ofte den har brug for at blive plejet, men hvalpen nyder at få opmærksomheden, uanset hvor ofte du vælger at børste den. I store træk kan du tage udgangspunkt i tabellen på modstående side.

HVOR OFTE SKAL DEN PLEJES

Kort pels	Plej den 1 gang om ugen
Lang og uglet pels	Plej den dagligt for at undgå dobbelt pels og at den filtrer
Krøllet og ulden pels	Plej den hver anden dag, professionel trimning hver 4. til 8. uge
Ruhåret	Plej den hver dag, professionel håndplukning hver 3. til 4. måned

Vigtige små steder

Når du plejer pelsen, skal du være særligt opmærksom på området bag ørerne, folden på indersiden af albuen, mellem benene, under og langs med dens hale, her er der større tendens til, at pelsen filtrer. Børst også dens tænder med en særlig tandbørste og tandpasta til hunde. Få hvalpens kløer klippet af en professionel hundefrisør eller avler.

Badetid

Medmindre du har en lille, glat og korthåret race, er det nemmest at tage hunden med til hundefrisør, når den skal bades. Hundefrisøren har de nødvendige faciliteter til badning og tørring. Hvalpe behøver som regel kun at komme i bad, hvis de er blevet beskidte eller lugter. Brug lunkent vand, hundeshampoo og -balsam. Overdreven badning kan fjerne de naturlige olier og udtørre hud og pels.

Vask hvalpens kurv og tæpper en gang om ugen. Rengør også legetøj ved at skylle det godt under rindende vand.

Ud i verden

Side om side

Det er fantastisk at komme ud med hvalpen i byen og på landet – og
det er endnu bedre, når den bliver ved din side både med og uden
snor, når du siger det. Det er en sikkerhed for jer begge, når der er brug
for, at den klistrer sig til dig!

Bliv hos mig

Det er livsnødvendigt, at hvalpen bliver ved
din side, når I er ude at gå tur, og at den kom-
mer tilbage til den position, når du kalder. Når
der til tider kan være en anden hund uden
snor længere fremme, en anden person eller
et løsgående dyr, vil du gerne kunne holde
din hvalp under kontrol ved din side.

Som forklaret på side 68-69, indebærer de
første stadier af pladstræning, at du opmun-
trer hvalpen til at blive ved din side, når den
har snor på, ved at lokke den med godbidder.
Næste skridt er at lære den, hvad komman-
doen "plads!" betyder.

Begynd med hvalpen på din venstre side.
Brug en lækkerbisken til at få den på plads
ved dit venstre ben. Sig dens navn for at få
dens opmærksomhed. Når du har den,
går du frem og siger "plads!". Hold endnu en
godbid i din venstre hånd, så den kan se den.
Den vil nu holde sig tæt til dig i håbet om
at få den. Gå ikke så stærkt, at den ikke kan
følge med.

Når hvalpen er, hvor den skal være, siger
du "plads!". Stop efter et par skridt og beløn
den. På den måde lærer den at forbinde ordet
med den position, den indtager, når den får
godbidden. Hvis hvalpen sakker bagud eller er
kommet foran dig, skal du ikke sige "plads!"
for at få den tilbage i positionen, da det vil for-
virre den. Brug i stedet godbidder. Først når
den har lært hvor "plads" er, kan du bruge
den kommando til at kalde den tilbage på
plads.

Når hvalpen har lært at blive på plads med
snor på, skal du øve det uden snor. Masser af
belønning vil give dividende.

Pas på, hvalpen er løs

Husk altid at være opmærksom, når du går
tur med din hvalp, så du er forberedt på lidt
af hvert. For eksempel at den hopper op ad
forbipasserende eller styrter af sted efter en
kat, den har set under en hæk. Det er ikke sik-
kert, at de andre mennesker – og slet ikke kat-
ten – sætter pris på denne kåde hilsen!

Indkald på kommando

Du har allerede lært din hvalp at komme tilbage til dig, når den er alene i indhegnede og sikre omgivelser. Nu skal du gå skridtet videre i undervisningen for at sikre, at den kommer tilbage til dig, når den løber omkring uden snor – øjeblikkeligt!

SÅDAN LÆRER DU HUNDEN "PLADS!"-KOMMANDOEN

1 Få en anden til at hjælpe dig og medbring en lommefuld af hvalpens yndlingsgodbidder. Giv den en og lad den lugte dem i din lomme. Bed så den anden person lege med ham. Hold blot et par meters afstand til at starte med.

2 Når de leger rigtig godt og din hvalp er fokuseret på den anden person, kalder du den til dig. Din hjælper skal straks stoppe legen, så den mister interessen og igen fokuserer på dig, fordi det er mere udbytterigt. Buk dig ned og byd den velkommen med åbne arme og opmuntrende stemme. Kald igen om nødvendigt.

"Her!"

Inden du lader din hvalp gå uden snor, så den kan løbe frit omkring, må du af hensyn til dens sikkerhed være sikker på, at den øjeblikkeligt vil komme tilbage til dig på kommando. For at lykkes med denne øvelse, må du sikre dig, at hvalpen ved, at den får mere ud af dig, end hvad det nu er, der har fanget dens opmærksomhed, som for eksempel at lege med en person eller en anden hund.

3 Så snart den kommer hen til dig, giver du den masser af ros og nogle godbidder, så den lærer, at det er en fornøjelse at komme tilbage til dig. Lad nu hjælperen og hvalpen genoptage legen og gentag øvelsen.

4 Øv det et stykke tid med en person og også med endnu en hvalp for virkelig at få tegnet til indkald til at sidde. Øg nu afstanden mellem jer lidt ad gangen, gør den mindre, hvis der er brug for at gå et trin tilbage i øvelsen. Reducer efterhånden belønningen til ros alene og giv blot en godbid en gang imellem som incitament.

Trafiktræning

I begyndelsen føler din hvalp sig slet ikke tryg ved trafik. Biler, busser, lastbiler, motorcykler, cyklister, heste, tog – de er alle larmende monstre for en ung hund, indtil den lærer, at de blot er en del af den store vide verden, den nu bor i.

Lyde og syn

Din hvalp skal vænnes til trafik, så den ikke bliver bange for den, når I er ude at gå tur. Væn den til at færdes både om dagen og om natten, så den er fortrolig med både billygter og larmen, synet og lugten af køretøjer i både vådt og tørt vejr.

Hvis du bærer hunden ved dens første møde med de travle omgivelser uden for det sikre helle i hjemmet og haven, kan den ople-

ve den nye situation fra et sikkert sted med fuldt overblik.

Hav altid snor på hunden, når I færdes på eller ved en vej, så den ikke løber ud og forårsager en ulykke eller bliver kørt ned.

Husk at i Danmark skal hunde have en lovpligtig ansvarsforsikring.

Trafiksky

Hvis din hvalp virkelig har det svært med trafik, skal I finde en stille sidevej, hvor I kan opholde jer et stykke tid og bare sidde og se verden passere. Hver gang et køretøj nærmer sig, afleder du hunden ved at vise den en godbid. Når køretøjet er passeret, giver du hvalpen godbidden. På denne måde lærer den at forbinde trafik og trafiklyde med en behagelig oplevelse.

I dens sko

Hemmeligheden ved trafiktræning – og ved alle andre nye ting, den skal socialiseres til – er at prøve at se tingene fra hundens perspek-

tiv. Forestil dig, hvordan det må være at være
så lille og sårbar, og med så lidt viden. Da det
er dens situationen, skal du undgå at overvæl-
de den med for meget trafik-spotting på én
dag: begynd med små, korte møder. Byg lang-
somt op, til den oplever mere og mere. Sørg
for, at hvalpen nyder hvert eneste møde ved at
give den godbidder og snakke til den med
glad og tryg stemmeføring. Den vil opfange
din ubekymrethed og lære, at der ikke er

noget at være bange for. For hvert møde bliver
den mere fortrolig med trafik.

Et godt råd

Tag bevidst din hvalp med i busser og tog,
også selvom du normalt færdes i bil. Hvis du
en dag skulle få brug for offentlig transport, vil
det være mindre anstrengende for jer begge.

Gåtur på vejen

Gåture – i starten korte – er en skøn måde at udvikle jeres forhold og forbedre hvalpens sociale færdigheder. Hvalpen vil nyde oplevelserne og elske kvalitetstiden sammen med dig.

Livets krydderi

Det handler om variation, hvis både du og hvalpen skal være tilfredse på jeres gåture. Prøv jævnligt nye ruter, så de er friske og interessante. Bor du i nærheden af en hundevenlig park, et naturområde eller en strand, kan du tage den med derhen i bilen. Beslut dig eventuelt for, at én gåtur hver uge skal være en særlig udflugt: Du kunne tage hele familien med eller andre venner med deres hvalpe.

Udstyr til gåturen

Medbring legetøj og godbidder for at bryde rutinen og for at indlemme små trænings-sessioner. Tag en lille rygsæk med og fyld den med førstehjælpskasse til mennesker og hund, mobiltelefon, legetøj, godbidder og hømhømposer, så du kan samle op efter hvalpen. Vær med til at holde området rent og sygdomsfrit ved at samle fæces op efter din hund. Så undgår du også, at hunde og deres ejere får et dårligt ry!

Gode manerer

For en sikkerheds skyld, skal du sætte snor på hunden, når den møder mennesker og hunde, den ikke kender (gør det samme, når den er voksen). Du ved måske, at din hvalp ikke gør noget, men det ved andre ikke, og de vil måske være på vagt eller ligefrem skræmte, hvis den pludselig sætter efter dem. Andre hundeluftere vil sætte pris på, at du viser hensyn.

Udendørs farer

Nogle hvalpe elsker at plaske rundt i eller drikke fra vandpytter eller beskidte vandhuller. Det er klogt, ikke at lade din hvalp gøre det, for vandet kan være forurenet med kemikalier eller parasitter. Tag en sammenklappelig vandskål og vand i en flaske med på længere gåture, så du kan være sikker på, at der ikke er nogen fare, når den skal have en tår at drikke.

Din hvalp finder måske ting på gåturen, som den ikke kan modstå at nippe i. Det kan være døde fugle og dyr og andre efterladenskaber fra dyr. Råb ikke ad den, men få den væk derfra ved at distrahere den med leg eller en godbid. Tag mad eller kødaffald fra den straks, da det kan være fyldt med gift.

Husk: Lad *aldrig* din hvalp jagte husdyr. Går I gennem marker med dyr, skal I holde jer tæt ved kanten, så I kan stikke af og komme væk fra eventuelle overnysgerrige skabninger.

Hundetrænere

Ligesom småbørn og siden teenagere er hvalpe overalt og vil somme tider kun det, de selv vil. På trods af dine anstrengelser lykkes det dig måske ikke at finde en måde at forbedre en bestemt adfærd. Når det sker, får du brug for at ringe til en hundeprofessor.

Der er masser af hundetrænere at vælge imellem, og du skal måske tjekke nogle stykker, før du finder den, der passer dig. Begynd med at spørge venner, der har hvalpe, om de kan anbefale én, eller spørg din dyrlæge eller hvalpeavleren. Alternativt kan du søge i lokale aviser, på internettet og i hundemagasiner.

At gå til en hundetræner er ikke det samme som at indrømme en fejl eller et nederlag: Det er at gøre det bedste, du overhovedet kan, for at sikre, at du og din hvalp udvikler den særlige og givende relation, som I begge fortjener.

Gør det sjovt at lære

Ligesom når du skal vælge skole til dit barn, eller et kursus til dig selv, skal du være omhyggelig med dit valg af hundetræner. Du skal finde en, som du kan lide og trives med, som udviser venlig og professionel interesse for dig og din hvalp, og som har den nødvendige viden og erfaring til at hjælpe dig med at løse problemer ved at udvikle din evne til at håndtere hvalpen.

Se dig omkring

Når du har lavet en liste at gå efter, skal du kontakte trænerne og forklare dit behov og se, om de kan hjælpe dig. Virker alt i orden, spørger du, om du må komme forbi til en træningstime og tage hvalpen med dig. Gode trænere vil ikke have noget imod det – faktisk vil de måske ligefrem opmuntre dig til at kigge forbi, så de kan lære dig og hvalpen at kende.

Træningsmetoden bør være baseret på belønning, være rar og positiv, og ejere og hunde skal have det godt der. Bryder du dig ikke om det, du ser, så prøv et andet sted.

Hjælp i hjemmet

Har du ikke mulighed for at tage hen til en træner, kan du prøve at finde en, der vil komme hjem til dig. Mange trænere tilbyder denne service, fordi det kan være nemmere for dem at se præcis, hvad problemet er, og tilbyde et godt råd, der vil løse det, når de er på stedet. Denne ekstra service koster måske lidt mere, men den er det helt sikkert værd.

Lille hvalp er blevet væk

Det sker formodentlig aldrig, men det er bedst at være forberedt på, at en kåd hvalp kan blive væk. For så har du størst mulighed for hurtigt at blive genforenet med din dyrebare hvalp. Det kan hurtigt give bonus straks at vide, hvad du skal gøre.

Hvor er den?

Danske hunde skal registreres i hunderegisteret senest når de er 4 måneder gamle.

Det er altid en god ide at få sin hund chippet; dvs. at den har indopereret en identifikationschip i øret eller bliver tatoveret. Når de er 4 måneder gamle skal de bære halsbånd med ejerens navn og telefonnummer. Hunde skal også være ansvarsforsikret.

Begynd at lede

Når du finder ud af, at din hvalp er væk, skal du allerførst kigge i swimmingpools og bassiner i nærheden. Derefter undersøger du alle rum i huset, hvis den skulle være kommet tilbage, uden at du har lagt mærke til det, og nu ligger og sover tilfreds et sted i huset. Undersøg haven og (med tilladelse) de nærmeste naboers. Bed dem om at give dig

besked, så snart de ser hvalpen, eller bringe den tilbage. Få så venner og familie til at gennemsøge området. Start tæt ved hjemmet og udvid nettet efterhånden. Hvis den bare er på tur, er der en god chance for at finde den ret hurtigt.

Vær sød at finde min hvalp!

Hvis du ikke har fundet din hvalp efter en times tid, må du give besked til politiet og alle dyrlægeklinikker og hundeinternater i området. Det er en hjælp at give dem en seddel med en beskrivelse af hvalpen og om muligt et vellignende foto og så naturligvis dine kontaktoplysninger. Du kan også smide sedler gennem brevsprækken hos naboerne og bede om lov til at sætte dem op i lokale butikker. Du kan også sætte en annonce i den lokale avis. Hvis du udlover en dusør til den, der kan bringe hvalpen sikkert hjem, kan det måske føre til en hurtig og lykkelig slutning.

Min hvalp er et geni

Giv pote

Dine venner og familie vil nok blive lidt overraskede, hvis din hvalp giver pote, når de kommer, og vinker farvel, når de går! Tricket ser virkelig imponerende ud, men det er ret let at lære hvalpen, da det er et naturligt, afværgende tegn på underkastelse, når hvalpen rækker poten frem.

SÅDAN LÆRER DU HVALPEN "GIV POTE!"- OG "VINKE!"-KOMMANDOERNE

1 Hvalpen er i "sit"-position (se side 70-71). Tag forsigtigt fat i poten og løft den op, mens du giver kommandoen "giv pote!". Ros den og beløn den med en godbid. Gentag fire eller fem gange. Dernæst rækker du din hånd ud med håndfladen opad og siger "giv pote!". Når hvalpen løfter poten, tager du den blidt og ryster den.

2 For at lære hvalpen at vinke, skal du gentage "giv pote!"-kommandoen. Men netop som den rækker poten ud mod din hånd, løfter du hånden op, så den netop ikke kan nå den. Hvalpen vil så strække forbenet for at røre ved din hånd. Når den gør det, giver du den masser af ros og en godbid.

3 Nu venter du med godbidden, til den forsøger at nå din hånd ved at slå med poten i luften. Varier højden på din hånd, men ikke så højt, at det vil anstrenge hvalpen, eller den bliver nødt til at sætte poten ned for at holde balancen. Når den helt klart vinker, skifter du kommando til "vink!".

Min hvalp er et geni **181**

Find den!

Hvalpe er ivrige efter at behage deres ejere. Udnyt det og deres naturlige instinkt for at støve "byttet" op, og du er på vej til en rigtig vinder! Det er underholdende for jer begge at få hvalpen til at finde gemte genstande og samtidig en dejlig måde at træne "søge!" og "hent!".

Søge og finde

Gemmeleg er en spændende leg for både hvalpen og børnene – så bring dem sammen! Lad først hvalpen se, hvor "målet" gemmer sig, og få den så til at "søge!". Både du og børnene skal rose den helt enormt, når den finder dem. Se så, om den kan finde ud af det, hvis den ikke ser, hvor de har gemt sig. Børnene skal måske kalde på den, indtil den har lært at lugte sig frem til dem.

Skattejagt

En anden sjov måde at lære hunden at "søge!" er at gemme godbidder i huset og haven. Lad den lugte til dem og smage en. Lad den så se, hvor du gemmer dem, og bed den "søge!". Når den finder dem, er dens belønning godbidden og masser af ros. Når din hvalp har forstået ideen, smag og duft, gemmer du godbidderne, uden at den ser, hvor du gemmer dem, og beder den "søge!"

SÅDAN LÆRER DU HVALPEN "SØGE!"-KOMMANDOEN

1 Få din hvalp til at lugte til dens yndlingslegetøj eller en godbid, lad den så se til, mens du delvist gemmer den under et gammelt tæppe, en avis eller en æske.

2 Gå cirka en meter væk fra målet, mens den stadig kan se og lugte det. Den fokuserer nu på objektet og er ivrig efter at komme hen at tage det. Peg på det og sig "søge!" eller "find!". Slip hvalpen og få den til at "søge!". Gentag om nødvendigt kommandoen, indtil den finder det.

3 Når din hvalp har hentet objektet, roser du den meget entusiastisk og får den til at bringe det tilbage til dig ved at sige "hent!" (se side 82-83).

4 Når din hvalp har forstået det, kan du gemme objektet fuldstændig, gå længere væk og få den til at finde det. På den måde udvikler den sin lugtesans.

Min hvalp er et geni **183**

Hulahop

Selvom du ikke kan udføre avancerede tricks, der involverer hop, mens din hvalps dyrebare krop endnu vokser sig stærk, kan du alligevel have det sjovt med den forberedende grundtræning, der skal gøre din kammerat til en fantastisk cirkusartist. Alt, hvad du behøver, er en hulahopring.

En skøn leg

Start med at lægge hulahopringen, hvor din hvalp kan se, lugte og vænne sig til den. Blot for at den ikke skal se den som noget skræmmende. Er den lidt usikker, kan du indimellem lægge en godbid ved siden af den, så den forbinder hulahopringen med belønning, når grådigheden overgår dens angst.

Efter en dag eller to, når din hvalp er helt tryg ved, at hulahopringen er en del af møblementet, kan du begynde at gå omkring med den med hvalpen i nærheden. Igen giver du den godbidder, samtidig med at du holder hulahopringen for at forstærke en positiv association til den. Derefter kan du gå i gang med at lære den hulahoptricket.

SÅDAN LÆRER DU DIN HVALP "HULAHOP!"-KOMMANDOEN

1 Hold hulahopringen stille på gulvet og få din hvalp til at sætte sig ved siden af den. Lok den så gennem ringen med en lækker, velduftende godbid, mens du siger "her!" (se side 44-45).

2 Ros den, når den går gennem ringen, og giv den godbidden, når den er igennem. Sørg for at holde ringen stille og støt den på gulvet, eller få en anden til at holde den sikkert. Hvis den bevæger sig, kan det skræmme hvalpen, og så vil den måske ikke prøve igen.

3 Gentag flere gange, mens du efterhånden udskifter godbidderne med verbal ros. Tilføj "hulahop!" til din "her!"-kommando. Når din hvalp har fået færten af det, skal du få den til at "sit" og "bliv" på den ene side af hulahopringen (se side 70-75). Indtil du giver den kommandoen "her, hulahop!". Til sidst kan du undvære "her!".

"Tæl til ti!"

Endelig, ville det så ikke være dejligt, hvis hunde kunne tale? Jamen, det kan de da! Ikke bogstaveligt talt, naturligvis, men det er muligt at træne din hvalp til at gø på kommando, hvilket kan være ganske praktisk. I det mindste vil folk være imponerede over din "talende" hvalp.

Godt at kunne tale

I dette trick får din hvalp besked på at "tale" på kommando ved at gø. Nogle racer gør mere end andre og er derfor lettere at træne op til det her trick. Særligt gode til at gø er racerne terrier (for eksempel jack russell), brugshunde (for eksempel sanktbernhardshund), nyttehunde (for eksempel puddel) og gadekryds af typen terrier.

Et godt råd

Din hvalp skal vide, hvornår den skal gø, og hvornår den skal stoppe. Det er vigtigt, at gøen ikke bliver belønnet, når den gør det, uden at du har givet ordren.

Lær den kommandoen "stille!" som et tegn til at stoppe eller lade være med at gø. For at opnå det, skal du give den en godbid, hver gang den holder op med at gø. Sig "stille!" samtidig. Udelad gradvist godbidderne og brug kun ros som belønning. Du kan sågar erstatte den verbale kommando med et håndtegn (et som ikke kan forveksles med de andre visuelle tegn), når du vil bede din hvalp være stille.

SÅDAN LÆRER DU HVALPEN "TAL!"-KOMMANDOEN

1 Få din hvalp i sit-position (se side 70-75). Stå med dens yndlingslegetøj eller en godbid over dens hoved. Lok den med genstanden, ved at du bevæger den og taler engageret, brug så kommandoen "tal!".

2 Når din hvalp begynder at afgive en lyd af en eller anden slags, bevæger sine læber eller bliver ivrig, roser du den og giver den den ønskede genstand. Fortsæt på denne måde og giv den kun godbidden, når dens svar bliver mere intenst.

3 Byg efterhånden mere på hver "tal!"-kommando, indtil din hvalp afgiver en lyd umiddelbart efter, den har modtaget den verbale kommando. Tilføj så et visuelt tegn, for eksempel en finger mod læberne eller et nik med hovedet, så du til sidst kan undvære den verbale kommando helt.

Min hvalp er et geni **187**

Register

Billedleverandører

Fotoakkreditering

Getty Images 102; Frank Herholdt 164; Ryuichi Sato 103

Octopus Publishing Group Limited/ Angus Murray 9, 11, 42, 49, 60, 62, 67, 68, 74, 80, 81, 81, 110, 116, 127, 142; / Rosie Hyde 47, 130, 131; / Russell Sadur 2, 6, 8, 14, 15, 16, 17, 19, 20 ,22, 23, 24, 25, 26, 27, 28, 29, 31, 32, 34, 35, 37, 38, 40, 43, 46, 51, 53, 54, 55, 57, 58, 64, 65, 70, 71, 72, 76, 84, 85, 86, 88, 90, 92, 93, 94, 95, 96, 98, 99, 100, 101, 104, 107, 111, 112, 115, 117, 118, 120, 123, 124, 125, 125, 127, 128, 132, 135, 136, 136, 138, 139, 140, 141, 144, 144, 145, 147, 148, 149, 149, 151, 152, 153, 153, 156, 157, 158, 159, 160, 162, 163, 166, 171, 172, 173, 173, 175, 176, 177, 178, 180, 186; / Steve Gorton 18, 36, 39, 44, 45, 52, 62, 66, 78, 82, 83, 87, 97, 101, 106, 108, 109, 114, 118, 119, 121, 122, 136, 146, 150, 161, 168, 174, 175, 182, 184.

Omslagsfotos: forside: Corbis UK Ltd / Peter M. Fisher; bagside: Leigh Jones.